空山□くうざん　人けのない静かな山。

君子□くんし　**人徳のすぐれた立派な人。**人の上に立って政治を行う人。（↔**小人**《しょうじん》）

卿□けい　天子・諸侯の臣で、国政を掌《つかさど》る大臣・家老などの職にある人。

京師□けいし　都。

桀紂□けっちゅう　夏《か》の桀《けつ》王と殷《いん》の紂《ちゅう》王のこと。**暴君の代名詞。**（↔**堯舜**）

乾坤□けんこん　天地。宇宙。

胡□こ　中国北方、西方の異民族。えびす。（＝夷狄《いてき》）

賈□こ　商い。商売。売る。

光陰□こういん　**時間。歳月。月日。**

江河□こうが　**長江**《ちょうこう》**（揚子江**《ようすこう》**）**と**黄河**《こうが》。大きな川。

公卿□こうけい　高位高官の人。

江湖□こうこ　大きな川と湖。世間。世の中。民間。地方。

後生□こうせい　あとから生まれた人。**若者。**（↔先生）

古人□こじん　昔の人。昔の立派な人。

故人□こじん　**旧友。昔なじみ。**（＝故旧）

左遷□させん　高い地位から低い地位におとすこと。（＝左降《さこう》）

左右□さゆう　**側近。**近臣。侍臣。

子□し　あなた。先生。

士□し　卿《けい》・大夫《たいふ》につぐ官吏。学徳のある人。立派な男子。

師□し　**軍隊。都。**先生。手本。

市井□しせい　まち。世の中。

社稷□しゃしょく　**国家。朝廷。**

舎人□しゃじん　家来。側近。食客。

豎子□じゅし　**子供。**童僕。**未熟者。青二才**《あおにさい》**。小僧。**（＝**孺子**《じゅし》）

須臾□しゅゆ　しばらく。少しの間。

名人の授業

大学受験

三羽の漢文

基本ポイントこれだけ!

東進ハイスクール
講師　三羽邦美

はじめに

●漢文は得点源にしやすい科目だ！●

漢文は、現代文や古文に比べて、比較的短期間で何とかできる科目です。やらなきゃいけない勉強の分量とか、出題のポイントとかが、少ないんですね。

漢字ばっかり並んでますから、難しそうでとっつきにくい気がして、毛嫌いしたり、食わず嫌いだったりの人が多いんですが、説明されてみると、たいして難しい話ではないってことがよくあります。

実際、漢文の文章は、複雑な微細な表現にはむいていないし、出題する先生方にも手かげんする気持ちがあって、そんなに難解で長い文章はまず出しません。

たとえば、共通テストの場合でも、古文に比べて漢文のほうが実は簡単で、しかも配点は古文と同じ五十点！　これはオイシイですよ。やらない手はない！

しっかり必要な勉強をやっておけば、絶対得点源にできる科目ですから、とにかく恐れをなさずに、とりかかってください。

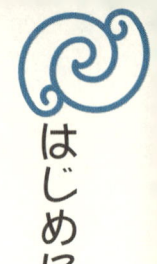

●漢文は技術と知識で点がとれる！●

漢文という科目は、思考力とか応用力とかじゃない。**技術**と**知識**で点が取れる科目なんです。

返り点をスムースにこなせる技術と、否定形とか反語形とかの**重要句法の知識**が最も重要な武器！　プラス**漢字の力**と**古典文法の力**です。

たとえば、「王使㆓人往㆒」という傍線部を読め、という問題があった場合、まず使役形の「～ヲシテ～しム」の形だと気がつくことが第一ポイント。この段階で勝負はついてしまいます。「人をして」と読むなんてことは、考えてわかるものじゃありません。で、「王人をして」のあと「往」から「使（しム）」へ返るわけですが、「往」は「ゆク」と読んだという漢字の知識と、「ゆク」は四段活用の動詞だから、未然形に接続する「しム」に返るには「往かしむ」になるという古典文法の力が必要になります。

●漢文の世界は楽しくてエライ！●

さて、これから漢文の句法の勉強をやるんですが、一つ一つの例文から垣間見える漢文の世界は、なかなか面白く楽しいものです。それに、いいこと言ってるなあ、と思えるような、ためになる言葉も多いですよ。

なんたって、中国三千年の歴史ですからね、奥が深いんです。昔の日本人はとにかく圧倒的な中国の文化を受容することで日本の文化をつくってきたわけで、漢文で勉強するようなことは、今日でも無意識に私たちの血の中に流れていると言っても過言ではありません。

漢文の基礎になる勉強をしながら、ぜひ漢文の世界の面白さも味わってほしいと思います。

それでは、講義をスタートしましょう。

三羽邦美

目次

はじめに……2

第1講 返り点・書き下し文……9

レ点

一二三点

上中下点

甲乙丙丁点

第2講 置き字……23

而

於・于・乎

矣・焉・（也）

兮

第3講 再読文字……35

未㆓……㆒ いまダ……せず

将㆓……㆒ まさニ……セントす

当㆓……㆒ まさニ……スベシ

応㆓……㆒ まさニ……スベシ

第5講 二重否定……69

無㆑不㆓……㆒ ……セざル（ハ）なシ

無㆑非㆓……㆒ ……ニあらザル（ハ）なシ

非㆑不㆓……㆒ ……セざルニあらズ

非㆑無㆓……㆒ ……なキニあらズ

不㆔敢不㆓……㆒ あヘテ……せずンバアラず

未㆔嘗不㆓……㆒ いまダかつテ……せずンバアラず

不㆑可㆑不㆓……㆒ ……セざルベカラず

無㆓A不㆒㆑B AトシテBセざルハなシ

第6講 部分否定と全部否定……85

不㆓常……㆒ つねニハ……せず

常不㆓……㆒ つねニ……せず

不㆓復……㆒ まタ……せず

復不㆓……㆒ まタ……せず

第7講 疑問形……97

……乎 ……や・か

何……（乎） なんゾ……や

宜二……一　よろシク……スベシ
須二……一　すべかラク……スベシ
猶二……一　なホ……ノ(ガ)ごとシ
盍二……一　なんゾ……セざル

第4講　否定の基本形・禁止・不可能……53

(否定の基本形)
不二……一　……セず
無二……一　……なシ
非二……一　……ニあらズ
(禁止)
勿二……一　……スルなカレ
不レ可二……一　……スベカラず
(不可能)
不レ可二……一　……スベカラず
不レ能二……一　……スルあたハず
無二能……一　よク……スルモノなシ
不レ得二……一　……スルヲえず
不レ可二勝……一　あゲテ……スベカラず

何為……(乎)　なんすレゾ……や
……何也　……ハなんゾや
何以……　なにヲもつテカ……
安……　いづクンゾ……
何……　なにヲカ……
安……　いづクニカ……
誰……　たれカ……
孰……　いづレカ……
何如　いかん
如何　いかんセン
幾何　いくばく
……否　……ヤいなヤ
……未　……ヤいまダシヤ

第8講　反語形……113

……乎　……ンや
何……(乎)　なんゾ……ン(や)
何為……(乎)　なんすレゾ……ン(や)
安……(乎)　いづクンゾ……ン(や)
豈……(哉)　あニ……ン(や)
独……(哉)　ひとリ……ン(や)

目次

敢……(乎)　あへテ……ン(や)
何以……(乎)　なにヲもつテ……ン(や)
安……　いづクニカ……ン
誰……　たれカ……ン
何……　なにヲカ……ン
何……　……　なんノ……カ……ン
如㆑A何　Aヲいかんセン
幾何　いくばくゾ

第9講　使役形……137
A使㆓BC㆒　A、BヲシテCセしム
A命㆑BC　A、Bニ命ジテCセシム

第10講　受身形……147
見㆓……㆒　……る・……らル
A為㆓B所㆒㆑C　A、BノCスルところトなル
AC㆓於B㆒　A、BニCセラル

第13講　抑揚形・累加形……173
(抑揚形)
A且B、況C乎　AスラかツB、いはンヤCヲや
A且B、安C乎　AスラかツB、いづクンゾCンや
AB、(而)況C乎　AハB、(しかルヲ)いはンヤCヲや
(累加形)
非㆓唯A㆒B　ただニAノミニあらズB
豈唯AB　あニただニAノミナランヤB

第14講　比況形……185
如㆓……㆒　……ノ(ガ)ごとシ
譬如㆓……㆒　たとへバ……ノ(ガ)ごとシ

第15講　願望形・限定形・詠嘆形……195
(願望形)
請……　こフ……ン
願……　ねがハクハ……セヨ
(限定形)
……耳　……のみ

第11講　仮定形……157

如……　もシ……バ
苟……　いやシクモ……バ
縦……　たとヒ……トモ
雖二……一　……トいへどモ
微二……一　……なカリセバ

第12講　比較形・選択形……163

（比較形）
A C二於B一　AハBヨリモCナリ
A不レ如レB　AハBニしカず
A無レ如レB　AハBニしクハなシ
A莫レC二於B一　AハBヨリCナルハなシ
莫レA焉　これヨリAナルハなシ
（選択形）
与レA寧B　AよりハむしロB
寧A無レB　むしロAストモBスルコトなカレ
A孰二与B一　AハBニいづレゾ

唯……　ただ……ノミ
独……　ひとり……ノミ
（詠嘆形）
……矣　……かな
嗚呼……（矣）　ああ……かな
何……也　なんゾ……や
豈不二……一哉　あニ……ずや
不二亦……一乎　また……ずや

授業の受け方

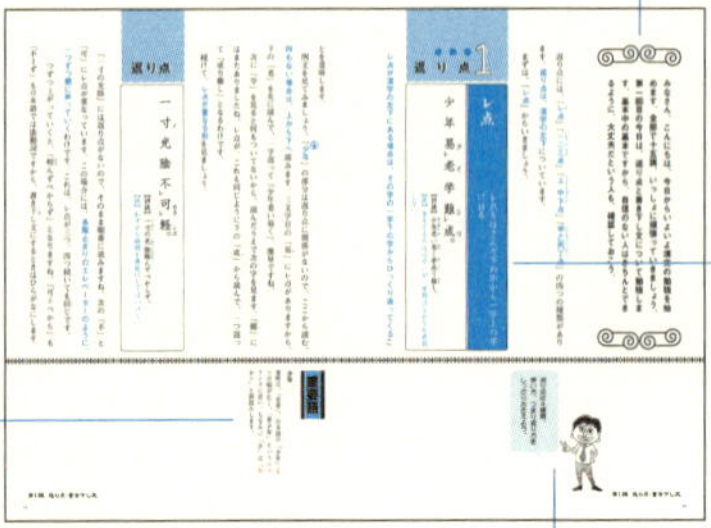

●ポイントや注意点を確認！

何に注目して進めていけばいいのか、
確認してからはじめましょう。

●頻出句法を頭に入れる！

漢文は句法の勉強がすべてです。
例文といっしょに効果的に覚えましょう。
（●は重要度をあらわします）

●先生が話していることには要注意!!

●得点源になる知識を身につける！

重要語や漢字の用法、文学史など、
必要な知識を整理して身につけます。

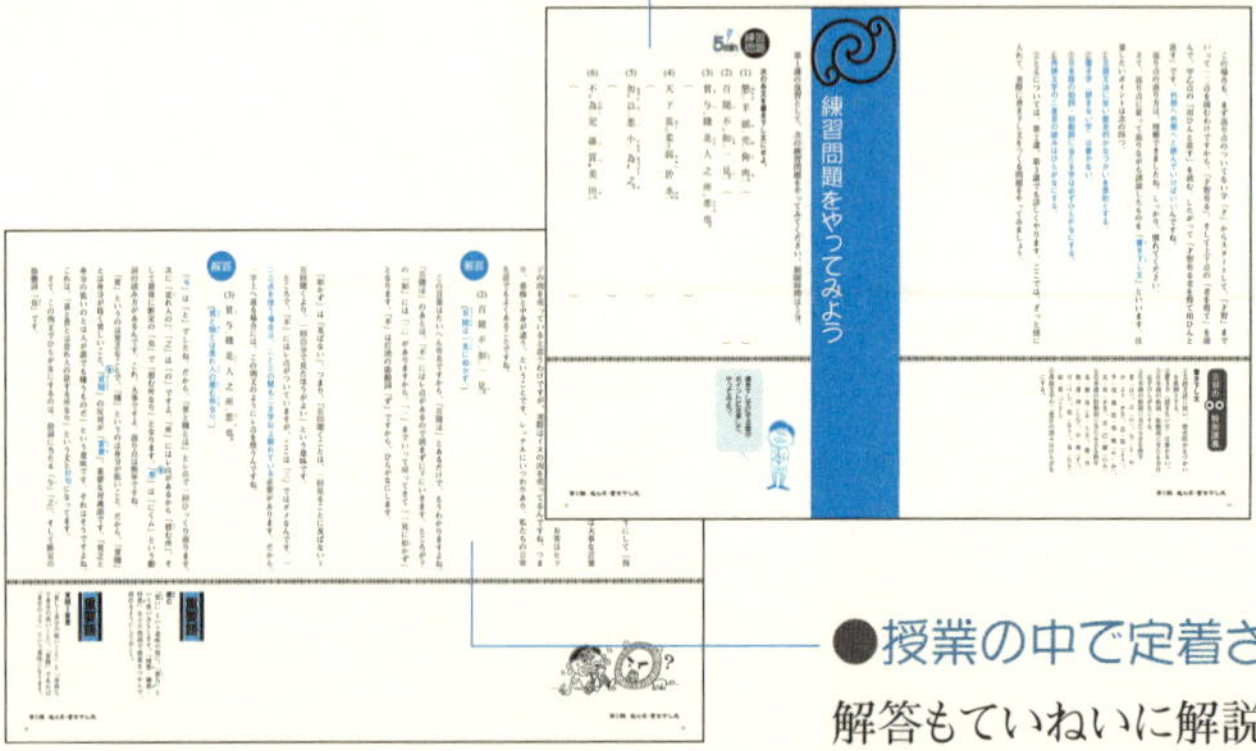

●練習問題で確認する！

ポイントとなる語に反応できるかが勝負！
時間を区切って、実際にやってみましょう。

●授業の中で定着させる！

解答もていねいに解説していきます。
必ず授業の中でモノにしましょう。

第1講 返り点・書き下し文

返り点の返り方、書き下し文の書き方は、基本中の基本。あいまいなままにしないで、しっかり理解しよう。

みなさん、こんにちは。今日からいよいよ漢文の勉強を始めます。全部で十五講、いっしょに頑張っていきましょう。第一回目の今日は、返り点と書き下し文について勉強します。基本中の基本ですから、自信のない人はきちんとできるように。大丈夫だという人も、確認しておこう。

返り点には、「レ点《れ》」「一二三点《いちにさん》」「上中下点《じょうちゅうげ》」「甲乙丙丁点《こうおつへいてい》」の四つの種類があります。**返り点は、漢字の左下**についています。

まずは、「レ点」からいきましょう。

返り点 1

レ点

レ点をはさんだ下の字から一字上の字に返る

少年易ク レ老イ学難シ レ成リ。

【訓読】少年《せうねん》老《お》い易《やす》く学成《がくな》り難《がた》し。

【訳】年をとるのははやいが、学問はなかなか成就しない。

レ点が漢字の左下にある場合は、その字の一字下の字からひっくり返ってくるこ

返り点は4種類。
使い方、つまり返り方を
しっかりおさえよう。

とを意味します。

例文を見てみましょう。「少年」の部分は返り点に関係がないので、ここから読む。何もない場合は、上から下へ読みます。三文字目の「易」に レ点がありますから、下の「老」を先に読んで、一字返って「少年老い易く」。簡単ですね。次に「学」を見ると何もついてないから、読んだうえで次の字を見ます。「難」にはまたありましたね、レ点が。これも同じように下の「成」から読んで、一つ返って「成り難し」となるわけです。

続けて、レ点が重なる形を見ましょう。

返り点

一寸光陰不ㇾ可ㇾ軽。
　　　　　　カラ　ンズ
　　　　　ノ

【訓読】一寸の光陰軽んずべからず。
【訳】わずかな時間も無駄にしてはいけない。

「一寸の光陰」には返り点がないので、そのまま順番に読みますね。次の「不」と「可」にレ点が重なっています。この場合には、各階止まりのエレベーターのように、一つずつ順に昇っていくわけです。これは、レ点が三つ、四つ続いても同じです。一つずつ上がっていくと、「軽(かろ)んずべからず」となりますね。「可＝べから」も「不＝ず」も日本語では助動詞ですから、書き下し文にするときはひらがなにします。

重要語

少年

意味は、「若者」。日本語の「少年」よりは幅が広く、「青少年」というニュアンスに近い。ちなみに「少」は「わかシ」と訓読みします。

この二句は、朱子《しゅし》学で有名な宋《そう》の時代の大学者朱熹《しゅき》の詩の一節で、「人間は年をとるのは早いものだが、学問はなかなか成就《じょうじゅ》しないものだ。わずかな時間も無駄にしてはいけない」という意味です。「光陰」は、重要単語ですよ。

次は、「一二三点」。

返り点 2

一二三点

二字以上、上の字に返る

尽クシテ二人事ヲ一待ツ二天命ヲ一。

【訓読】人事《じんじ》を尽《つ》くして天命《てんめい》を待《ま》つ。

【訳】人間としてできる限りのことをして、あとは運を天にまかせる。

一二三点は、レ点が一字上に返るのに対し、**二字以上、上の字に返る**ものです。**左下に「三」や「二」がついている字はとばして、「一」のついている字まで読んだら、「二」「三」のついている字にひっくり返る**わけです。

例文では、最初の「尽」に「二」がついていますから、これはまだ読めない。まず「人事を」と読みます。そして、「事」の左下に「一」がありますから、そこから「二」がついている字へ返って、「人事を尽くして」。いいですね。この一二点は、これで終わり。**片づいたら下へ**いきます。残りの三文字もやはり、「一」の字まで読ん

重要語

光陰

「光陰」は、「時間、歳月、月日」という意味。「光陰矢のごとし」などの言い方で覚えておこう。「一寸の光陰」は「わずかな時間」。縮めて「寸陰《すんいん》」となることもあります。

で「二」へいく。「天命を待つ」となります。これも簡単ですよね。

意味は、「人間としてできる限りのことをし尽くして、あとは運を天にまかせる」ということです。よく使う言葉ですが、「人事を尽くして」というのは、そう簡単にいえることじゃないよね。入試直前に、この言葉を堂々といえるように頑張りましょう。ただ「天命を待つ」だけでは、ダメなんですよ。

一二点は「三・四」まであっても同じように上へ読んでいけばいいわけですが、「二」と「三」や「三」と「四」の間もやはり二字以上であることが条件です。

たとえば、次の文を見てください。

返り点

送ル三元二ノ使ヒスルヲ二安西ニ一。

【訓読】元二《げんじ》の安西《あんせい》に使《つか》ひするを送《おく》る。

【訳】元二が安西に使者となっていくのを見送る。

「元二《げんじ》」は人名、「安西《あんせい》」は地名です。元二の「二」という数字は、本名ではなく「排行《はいこう》」とよばれる数字です。

「二」「三」のついている「送」と「使」をとばして「一」のついている字まで読むと「元二の安西に」ですね。そこから「二」の「使ひするを」、「三」の「送る」と返ります。唐の詩人王維《おうい》の、有名な詩の題名です。

重要語

人事・天命

「人事」は、「人間のすること、人間社会の事がら」。対義語は「自然」。「天命」は、「天が人に与えた使命、運命」のこと。

重要語

排行

一族の一つの世代（兄弟・従兄弟）の男子の成年順を示す数字が「排行《はいこう》」。白居易《はくきょい》（＝唐の詩人）なら「白二十二郎」というふうに出てきますから、知っておくといいね。

さて、次は「上中下点」です。上中下点は、一二点のついている句をはさんで、さらにその下の字から上に返る場合に使います。

3 返り点

上中下点

一二点の部分をはさんで、さらに上の字に返る

楚《そ》人《ひと》ニ有リ下鬻《ひさ》グ二楯ト与《と》ヲ㆑矛《ほこ》者上。

【訓読】楚人《そひと》に楯《たて》と矛《ほこ》とを鬻《ひさ》ぐ者《もの》有《あ》り。

【訳】楚の人に楯と矛とを売っている者がいた。

「矛盾《むじゅん》」という有名な故事の冒頭文です。

まず最初の「楚人」は、何も返り点がないからそのまま読みます。漢文では「楚《そ》」とか「宋《そう》」などの国名の下に「人」があったら、「そひと」「そうひと」と読みます。次の「有」には「下」がついているから、この字はまだ読めません。次の「鬻」にも「二」がついているので、これも「一」を待ちます。さらに下の「楯」には何もついてませんから、ここから読むわけです。「楚人《そひと》に楯《たて》と」と読む。

次の「与」には「一」と「レ」が重なった「㆑」がついています。この「㆑」があった場合には、必ず「レ点」を先に読んでから、「一」「二」のついている字を読みます。したがって、「矛《ほこ》とを鬻《ひさ》ぐ」となるわけですね。

故事成語

矛盾《むじゅん》　『韓非子《かんぴし》』を出典とする故事で、今日では「話のつじつまがあわないこと」の意で用います。第5講（81ページ）参照。

● 4 返り点

「与」は読みの問題で最も多く出題されるもので、「と」と読みます。この例文の場合、「AとBと」というときの、あとのほうの「と」に当たるわけです。これは覚えておいてください。

そして最後に「楯と矛とを鬻ぐ」をはさんで外側の「上」「下」の「者有り」を読むわけです。「楯」は防ぐ道具、「矛」は攻める武器です。「鬻《ひさ》ぐ」は「商売する・売る」という意味で、「賈《こ》す」なども同義ですね。

上中下点のパターンになっても、「上」から「中」「下」へ順に返っていけばいいわけです。「上」と「中」、または「中」と「下」の間に一二点の句をはさむわけですが、返り方は「一二三」と同じことです。

最後に、質問の対象になることはめったにありませんが、「甲乙丙丁点」をやっておきましょう。

甲乙丙丁点

上下点の部分をはさんで、さらに上の字に返る

欲ス乙 得テ下 有ル二 才 智一 者ヲ上 用ヒント甲。

【訓読】才智有《さいちあ》る者《もの》を得《え》て用《もち》ひんと欲《ほっ》す。

【訳】才能のある人を得て用いたいと思う。

重要語

与

「Aト与《と》レB」（AとBと）という形に注意！「与《と》レA…」（Aと…）の形も「と」と読みます。読みの問題で頻出。

プラスα

甲乙丙丁

「甲乙丙丁」というのは、「甲《こう》乙《おつ》丙《へい》丁《てい》戊《ぼ》己《き》庚《こう》辛《しん》壬《じん》癸《き》」の「十《じっ》干《かん》」の四番目まで。「甲乙」を用いるレベルですが、ふつうは一二点をはさんだ句を上中下点で返りきれない場合、甲乙丙丁のように四番目の「丁」まで用いることがあります。

この場合も、まず返り点のついてない字「才」からスタートして、「才智」までいって一二点を読むわけですから、「才智有る」。そして上下点の「者を得て」を読んで、甲乙点の「用ひんと欲す」を読む。したがって「才智有る者を得て用ひんと欲す」です。**外側へ外側へと読んでいけばいいんですね。**

返り点の返り方は、理解できましたね。しっかり、慣れてください。

さて、返り点に従って返りながら訓読したものを「**書**《か》**き下**《くだ》**し文**」といいます。注意したいポイントは次の四つ。

①文語文法に従い歴史的かなづかいを原則とする。

②置き字（読まない字）は書かない。

③日本語の助詞・助動詞に当たる字は必ずひらがなにする。

④再読文字の二度目の読みはひらがなにする。

②と④については、第2講、第3講でも詳しくやります。ここでは、ざっと頭に入れて、実際に書き下し文をつくる問題をやってみましょう。

三羽の特別講義

書き下し文

①文語文法に従い、歴史的かなづかいを原則とする。

②置き字（読まない字）は書かない。

③日本語の助詞・助動詞に当たる字は必ずひらがなにする。

ⓐ日本語の助詞に当たる主な助字

者（は）、之（の）、与（と・や・か・より・かな）、自・従（より）、乎・也・哉・耶・邪・歟（や・か）、夫・矣（かな）、耳・已・爾（のみ）

ⓑ日本語の助動詞に当たる主な助字

見・被・為（る・らる）、使・令・教・遣・俾（しむ）、不・弗（ず）、可（べし）、也（なり）、為（たり）、如・若（ごとし）

④再読文字の二度目の読みはひらがなにする。

練習問題をやってみよう

第1講の復習として、次の練習問題をやってみてください。制限時間は5分。

練習問題 5min

次の各文を書き下し文にせよ。

(1) 懸《かケテ》二羊頭《ヲ》一売《ル》二狗《く》肉《ヲ》一。（　　　）

(2) 百聞《ハ》不レ如《しカ》二一見《ニ》一。（　　　）

(3) 貧《ト》与《ハ》レ賤是《こレ》人之所レ悪《にくム》也。（　　　）

(4) 天下莫《なシ》三柔二弱《ナルハ》於水《ヨリ》一。（　　　）

(5) 勿《なカレ》下以《テ》二悪《ノ》小《ナルヲ》一為《なスコト》上之《ヲ》。（　　　）

(6) 不下為《ためニ》二児孫《ノ》一買《ハ》中美田《ヲ》上。（　　　）

解答

(1) 懸《か》ケテ二羊頭ヲ一売ル二狗《く》肉ヲ一。

（羊頭《ようとう》を懸《か》けて狗肉《くにく》を売る。）

まず、「羊頭を」から「二」の「懸けて」へ返り、下の三字も同じようにして「狗肉を売る」となります。

「羊頭狗肉《ようとうくにく》」という四字熟語は、ここからきてます。「狗」は漢文では大事な言葉で、イヌです。「羊」は、もちろんヒツジ。

肉屋の店先にヒツジの頭がぶら下がっているわけです。当然ながら、お客はヒツジの肉を売っていると思うわけですが、実際はイヌの肉を売ってるんですね。つまり、看板と中身が違う、ということです。レッテルにいつわりあり。私たちの日常生活でもよくあることですね。

解答

(2) 百聞ハ不レ如《し》カ二一見ニ一。

（百聞《ひゃくぶん》は一見《いっけん》に如《し》かず。）

この言葉はたいへん有名ですから、「百聞は」とあるだけで、もうわかりますよね。「百聞は」のあとは、「不」にはレ点があるので読まずに下にいきます。ところが下の「如」には「二」がありますから、「一」までいって戻ってきて「一見に如《し》かず」となります。「不」は打消の助動詞「ず」ですから、ひらがなにします。

「如かず」は「及ばない」、つまり、「百回聞くことは、一回見ることに及ばない＝百回聞くより、一回自分で見たほうがよい」という意味です。

ところで、「不」にはレ点がついていますが、ここは「三」ではダメなんです。**一二三点を使う場合は、二と三の間も二文字以上離れている**必要があります。だから、一字上へ返る場合には、この例文のようにレ点を使うんですね。

解答

(3) 貧ト与ハレ賤是《こ》レ人之所レ悪《にく》ム也。
(貧《ひん》と賤《せん》とは是《こ》れ人《ひと》の悪《にく》む所《ところ》なり。)


「**与**」は「と」でしたね。だから、「貧と賤とは」とレ点で一回ひっくり返ります。次に「是《こ》れ人の」。「之」は「の」ですよ。「所」にはレ点があるから「悪《にく》む所」、そして最後に断定の「也」で「悪む所なり」となります。「**悪**」は「にくム」という動詞の読み方があるんです。これ、大事ですよ。返り点は簡単ですね。

「貧」というのは貧乏なことで、「賤」というのは身分が低いこと。だから、「貧賤」とは身分が低く貧しいこと。「**貧賤**《ひんせん》」の反対が「**富貴**《ふうき》」。重要な対義語です。「貧乏と身分の低いのとは人が誰でも嫌うものだ」という意味です。それはそうですよね。これは、「富と貴とは是れ人の欲する所なり」という文と**対句**になってます。

さて、この例文でひらがなにするのは、助詞に当たる「与《と》」「之《の》」、そして断定の助動詞「也《なり》」です。

重要語

悪《にく》む
「悪《わる》い」という意味の他に、「悪《にく》む」という使い方もします。「憎悪《お》・嫌悪《お》・好悪《お》」などの熟語で感覚をつかんで、読めるようにしておこう。

重要語

貧賤↔富貴
「貧しく身分の低いこと」と「金持ちで身分の高いこと」。「貴賤」であれば「身分の上下」という意味になります。

解答

(4) 天下莫《なシ》㆔柔㆓-弱《ナルハ》於水《ヨリ》㆒。
（天下《てんか》水《みづ》より柔弱《じうじやく》なるは莫《な》し。）

「天下」は返り点がありませんから、ここから読みます。下から二番目の「於」は置《お》き字《じ》といって読まない字で、「水より」の「より」に当たります。返り点をつける場合はもちろん字数に入れますが、読まないんだから書き下し文には書きません。いいですね。

そうすると、「天下」の次に読むのは何？　「弱」には何もついてないのでここから読みそうですが、「柔-弱」に「-」がありますね。これは二字（以上）の熟語へ返るときについている印なんです。ですから、「水より」を読んだら「二」のついている「柔」へ返り、熟語だから「水より柔弱なるは」と読むわけです。そして「三」の「莫し」。したがって、「天下水より柔弱なるは莫し」です。

ここで、アレ？と思った人いるんじゃない？　「柔」から「莫」へは見かけ上一文字上だけど、レ点ではなく「三」なんです。「柔弱」は熟語だから、「弱」から「莫」へは二字返ることになるので、レ点ではダメなんですね。じゃあ、「弱」に「二」をつければいいじゃないかともいえますが、それでは「柔」でなく、「弱」に返ることになります。あくまで「水《ヨリ》」からは「柔」へ返るんですから、「二」は「柔」の左下である必要があります。ここは、ちょっと難しかったかな。返り点をつける

プラスα

熟語を示す「-」

上の例文のように熟語であることを示す「-」の印は、熟語へ返る場合にだけつけます。たとえば「天下」も熟語ですが、「天-下」とつけたりはしません。

まれに、二字の熟語が二つ続いているケースがあって、その場合、返り点が「□㆔-□ □㆓-□ □㆒」のようにつくことがあります。

問題だとかなりキビシイですね。

例文の意味は、「この世の中で水より柔らかく弱いものはない」ということです。でもこれは、「実は、水というものはそうじゃなく、むしろ水ほど強いものはないんだ」と強調してるんですね。

解答

(5) 勿《なカレ》下以《テ》二悪《ノ》小《ナルヲ》一為《なスコト》上レ之《ヲ》。

（悪《あく》の小《せう》なるを以《もっ》て之《これ》を為《な》すこと勿《な》かれ。）

「勿《な》かれ」は、禁止をあらわします。そして、上とレ点が重なった「上レ」がありますす。このあたりが書き下すポイントになりそうですね。

スタートは、「悪《ノ》」ですね。一二点の「悪の小なるを以て」から、「為上レ之」をまずレ点で「之《これ》を為すこと」と読んでから、「下」のついている「勿」へいきます。

「上レ」は前にやった「一レ」と同じで、必ずレ点を優先して読まなければなりません。このことはしっかり覚えてください。また、「レ点」と重なるのは、「一」「上」だけで、「二レ」や「甲レ」「下レ」というような形は絶対にありません。

意味は、「悪いことはどんなささいなことでも、やってはいけない」ということです。これは「善の小なるを以て之を為さざること勿かれ＝よいことはどんなに小さなことでもやるべきだ」と対句になっています。『三国志《さんごくし》』で、蜀《しょく》の劉備《りゅうび》が臨終の際に息子の劉禅《りゅうぜん》にいったという有名な言葉です。

同字異訓

之

① **これ**（代名詞）
② **の**（格助詞）
③ **ゆク**（四段動詞）

解答

(6) 不下為《ため》ニ二児孫ノ一買ハ中美田ヲ上。
（児孫《じそん》の為《ため》に美田《びでん》を買《か》はず。）

上から返り点のない字を探すと、三番目の「児」には何もついていませんね。ここがスタートです。その下の「孫」に「一」がついてますから、ここから「為」に返って、「児孫《じそん》の為に」とまず読みます。これで一二点は終わり。このあと「美田を」までいったら、「上・中・下」と返って、「買はず」と読めばいいわけです。

「児孫」は子孫、「美田」とはよく肥えた田んぼですが、ここでは財産のことです。つまり、「子孫のために大きな財産を残さない」という意味で、必要以上に財産を残すと、かえってためにならない、子孫がなまけものになるということでしょうか。僕なんか絶対なりますね（笑）。これは**西郷隆盛**《さいごうたかもり》の詩の一節です。

それでは、返り点と書き下し文は、ここまでです。

今日は基本中の基本をやったわけですが、知らないことのあった人は、必ずマスターしておいてくださいね。今日やったのは漢文の勉強の大前提ですよ。できている人にすれば、ちょっとカンタンすぎたかもしれませんが、返り点は大事。しっかり確認しておいてください。

はい、終わりましょう。次回は置き字をやります。

第2講

置き字

書いてあるけど読まないのが置き字。読まないから、書き下し文には書かない。役割の違いを理解しよう。

こんにちは。第二回目は「置き字」です。置き字というのは、書いてあるけど読まないわけですから、書き下し文をつくる場合に書かない。注意点はこれだけです。全部で四種類、八個しかありませんから、この場で必ず覚えるようにしましょう。

文中でいろんな働きをするけど、**訓読上は読まない字**を「**置《お》き字《じ》**」といいます。全部で四種類、八個ですが、**役割の違いに注意**してください。見慣れない字がいくつか出てくると思いますが、例文といっしょに見ていきましょう。

置き字 1

而《ジ》

文中で、接続助詞（直前の送りがなの「テ・シテ・デ・ドモ」）の働きをする

学ビテ而時ニ習フレ之ヲ、不二亦《また》説《よろこ》バシカラ一乎。

【訓読】学《まな》びて時《とき》に之《これ》を習《なら》ふ、亦《また》説《よろこ》ばしからずや。

【訳】教わったことを折にふれて復習する、なんと喜ばしいことではないか。

まず最初は、「**而**《じ》」。この字は文中にあって、この字の**直前に読む字の送りがな**

「而」は古文の接続助詞「テ・シテ・デ・ドモ」の働きにあたる。

「テ」とか「シテ」とか「デ」とか「ドモ」とかの働きに当たります。古文では接続助詞ですね。

「学びて時に之を習ふ」という読み方は、いいですよね。「学びて」の「て」が「而」の働きなんです。また、これは「学《まな》んで」とも読めますが、その場合には「で」が「而」の働きになります。

後半は、「亦《また》説《よろこ》ばしからずや」。「説」は、「悦」という字と意味合いは同じ。別にミスプリントじゃありませんよ。

これは、『論語』の一番最初に出てくる文章です。「学びて時に之を習ふ、また説ばしからずや。朋《とも》あり遠方《えんぽう》より来たる、また楽しからずや。人知らずして慍《いきどほ》らず、また君子《くんし》ならずや」ってやつね。たいへん有名な文章です。「説」を「よろこバシ」と読むんですね。

「学ぶ」というのは先生から教わること、「習ふ」というのは自分で勉強することをいいます。先生から教わったことを「時に」、折《おり》にふれてというか、機会をとらえて復習するのは、なんとよろこばしいことではないか、という意味になります。

そんなものよろこばしくない…という意見もあるかな（笑）。いいたいことはもちろん、復習をすれば理解が深まる、そうなると勉強も面白くなってきて、もっと勉強するようになって、もっとできるようになる。そういう喜びをいっているわけです。君たちも得意科目、好きな科目とかありますよね。好きな科目っていうのは、何かのきっかけでそういう好循環があったと思うんですよね。

文学史

論語
孔子の言行や、当時の政治家や門人たちとの問答を集めた書物。
孔子は儒教の始祖。春秋時代、魯《ろ》の国の人で、名は丘《きゅう》、字《あざな》は仲尼《ちゅうじ》といいます。

ところで、孔子《こうし》の時代には、教科書もノートもありません。孔子の時代というのは、春秋時代末期（紀元前六～五世紀）、紙の発明は中国では後漢《ごかん》（紀元二世紀頃）の時代ですからね。だから、生徒はどうするかっていうと、先生のおっしゃることを耳をすまして聞いてるとか、先生がやってみせる儀式のやり方なんかを、一所懸命ジーッと見て覚えるんですよ。しょっちゅう頭の中で反すうしていないと、あっという間に忘れますよね。ですから、復習を重ねていって身についた嬉しさというのは、ちょっと私たちには想像できないものがあったんだろうと思いますね。だから、ここでいっている「よろこばしさ」も、もっと大きな実感があったんでしょう。

置き字 2

於《オ》・于《ウ》・乎《コ》

文中で補語の上に置かれて、補語の送りがな「ニ・ト・ヨリ・ヨリモ」の働きをする

良薬ハ苦ケレドモ二於口ニ一而利アリ二於病ニ一。

【訓読】良薬《りやうやく》は口に苦《にが》けれども病《やまひ》に利《り》あり。

【訳】良い薬は口には苦いが、病気にはよく効く。

今度は、「於《お》・于《う》・乎《こ》」のグループ。**文中の補語の上に置かれて、その補語の右下の送りがなの働きをする**ものです。

例文をみると、「良薬は口に」と読んで、「苦けれども」へひっくり返ります。「於」

「於《お》・于《う》・乎《こ》」は、英語の前置詞のようなもの。補語の上に置かれて補語の右下の送りがなの働きをしている。

は読まないんですね。これは、「口に」の「に」に当たります。そして、「苦けれども」の逆接の「ども」に当たるのが、さっきの「而」ですね。「ども」でもう用は足りてるから、「而」は読みません。そして、「病に」の「に」に当たるのが、下から二番目の「於」になります。

ここでいう「薬」は、もちろん漢方薬です。煎《せん》じて飲むのなんかでニガイのありますよね。この「良薬は口に苦し」という言葉は、ことわざみたいになっていますが、薬のことをいってるんじゃありませんよ。これは「忠言《ちゅうげん》は耳《みみ》に逆《さか》へども行《おこな》ひに利《り》あり＝人からの忠告の言葉は耳が痛く、聞きたくないものだが、自分の行いを正すには利益がある」という言葉と**対句**《ついく》なんですね。だから、薬は苦いのがよく効《き》くとかいうことを言いたいんじゃなくて、「人の忠告はよく聞きなさい」ということを言いたいんですよ。

では、「於・于・乎」のグループの例文をもう一つ。

置き字

吾十有五ニシテ而志ス二于学ニ一。


【訓読】吾十有五《われじふいうご》にして学《がく》に志《こころざ》す。

【訳】私は十五歳で学問の道に志を立てた。


「吾十有五にして」は10＋5で、「私は十五歳で」ということ。「にして」の接続助詞「して」に当たるのが「而」なんですね。で、「学に志す」の「に」に当たるのが、下から二番目の「于」ね。十五歳のことを「志学《しがく》」といいます。

これも『論語』の中では大変有名な言葉です。孔子は七十三歳くらいまで生きたんですが、七十歳を過ぎた頃に自分の人生を振り返っていった言葉です。

置き字3

矣《イ》・焉《エン》・(也《ヤ》)

文(句)末で断定、強調の意を示す

過《チテ》而不《ざル》レ改《メ》、是《これヲ》謂《いフ》レ過《チト》矣。

【訓読】過《あやま》ちて改《あらた》めざる、是《これ》を過《あやま》ちと謂《い》ふ。

【訳】過ちを犯して改めないこと、これが本当の過ちだ。

三番目のグループは、「矣《い》・焉《えん》・(也《や》)」と音読みします。「矣」や「焉」という字は、日常的には見慣れない字ですよね。これらは全部**文末に置かれて、断言して強くいい切る感じ**をあらわします。だから、送りがなの何に当たるってこともありません。

「過ちて改めざる」の「て」に当たるのが、上から二番目の「而」。「是《これ》を過ちと謂ふ」は、最後に「矣」があるので「これを過ちというんだ!」とズバッといい切る感じになります。

「矣《い》・焉《えん》・(也《や》)」は、ズバリいい切る感じをあらわす。文末にあることがポイント!

プラスα

志学

孔子のいった「吾十有五にして学に志す。三十にして立つ。四十にして惑《まど》はず。五十にして天命を知る。六十にして耳順《したが》ふ。七十にして心の欲する所に従ひて矩《のり》を踰《こ》えず」から、十五歳を「**志学**《しがく》」、三十を「**而立**《じりつ》」、四十を「**不惑**《ふわく》」、五十を「**知命**《ちめい》」、六十を「**耳順**《じじゅん》」、七十を「**従心**《じゅうしん》」とよぶ熟語が生まれています。四十歳の「不惑」なんかはよく使いますよ。

過ちを犯したらすぐに改めることが大事なんで、改めないでいると、それが本当の過ちになるんだってことですね。『論語』には「過《あやま》ちては則《すなは》ち改《あらた》むるに憚《はばか》ることなかれ＝過ちを犯したら改めることをためらってはいけない」という言葉もあります。これもいい言葉ですね。

4 置き字

兮《ケイ》
詩の中で整調の働きをする

力ハ抜キレ山ヲ兮　気ハ蓋《おほ》フレ世ヲ。

【訓読】力《ちから》は山《やま》を抜《ぬ》き気《き》は世《よ》を蓋《おほ》ふ。
【訳】力は山を引き抜くほどであり、意気は世を覆い尽くすほどだ。

四番目の「兮《けい》」も見慣れない字ですが、これは**詩の中でしか使われません**。**調子を整える働き**です。つまり、これは日本の民謡でいうと、合いの手というか、そういう感じのもので、「ハーッ」とか「ヨイヨイ」とかさ（笑）。ですから、訳さなきゃいけないほどの意味はありません。

例文は、「力は山を抜《ぬ》き」と読んで、「兮」は読みようがないのでとばして、「気は世を蓋《おほ》ふ」となります。

これはよく教科書にある「**四面楚歌**《しめんそか》」の場面で、楚の**項羽**《こうう》が敵の漢軍に包囲され

故事成語

四面楚歌
まわりはすべて敵、の意。

抜山蓋世
山をも引き抜くくらいの力、世を覆い尽くすほどの意気ということから、勇壮な気性の形容。

たときに、最期を覚悟して詩をうたう場面があるんですね。その詩の、一番最初の文句です。

「自分の力は山をも引き抜くほどであり、意気、つまり気持ちは世を覆い尽くしてしまうぐらいであった。しかし、もはや愛馬も進んではくれない」と。で、虞美人《ぐびじん》という女性をいつも連れていたんですが、「虞《ぐ》よ、虞《ぐ》よ、お前をいったいどうしてやったらいいのか、もうどうしてやることもできない」と続く。ここから、「抜山蓋世《ばつざんがいせい》」という言葉が生まれています。

はい、置き字は以上です。

三羽の特別講義

置き字を読む場合

置き字は、置き字としての用法の場合は読みませんが、違う用法の場合は、次のように読むことがあります。

而…①文（句）頭で接続詞として読む
　順接…しかシテ・しかうシテ
　逆接…しかルニ・しかルヲ・しかモ
②すなはチ（＝則・乃）
③なんぢ（＝汝・女・若・爾）

於…①～（ニ）おイテ
②～（ニ）おイテス

于…ゆク（＝行・往・之・適・征・逝・如・徂）

乎…①文末で疑問・反語の「や・か」
②文末で詠嘆の「かな」

矣…文末で詠嘆の「かな」

焉…①疑問・反語の「いづクンゾ」
②これ・ここ
③「～然」と同じ形で「～焉」（忽焉《こつえん》）

也…①文末で疑問・反語の「や・か」
②文末で断定の「なり」
③文中（句末）で間投助詞の「や」

練習問題をやってみよう

では、前回の返り点と今日の置き字の復習をかねて、白文に返り点をつける形の問題をやってみましょう。入試問題にも大変多い形です。**「送りがなは不要」と書いてあるときは、送りがなは絶対につけない**ように。採点するのに邪魔なんです。

3min 練習問題

次の書き下し文を参考にして、後の漢文に返り点をつけよ。（送りがなは不要）

(1) 青《あを》はこれを藍《あゐ》より取《と》りて、藍《あゐ》よりも青《あを》し。

青取之於藍而青於藍。

(2) 故《ふる》きを温《たづ》ねて新《あたら》しきを知《し》らば、以《もっ》て師《し》と為《な》るべし。

温故而知新可以為師矣。

(3) 君子《くんし》は言《げん》に訥《とつ》にして、行《おこな》ひに敏《びん》ならんと欲《ほっ》す。

君子欲訥於言而敏於行。

解答

(1)

青《あを》はこれを藍《あゐ》より取《と》りて、藍《あゐ》よりも青《あを》し。

青取二之於藍一而青二於藍一。

「青はこれを」は下にいくだけ。「これ」は「之」ですね。で、「藍《あゐ》より」から「取りて」には三文字返りますから、「藍」の左下に「一」、「取」の左下に「二」。「於」が「より」に当たる置き字なんですね。次の「而」は、「取りて」の「て」に当たる置き字。残りの三文字も、「藍よりも青し」と二文字返りますから、やはり一二点。下の「於」は、比較の「よりも」に当たります。

「青色の染料《せんりょう》は藍《あい》という草から取るが、もとの藍よりもずっと青い」という意味ですが、これはもちろん色のことをいってるんじゃありません。**「出藍《しゅつらん》の誉《ほまれ》」**って言葉知ってますか？　弟子は師、つまり先生に教えをうけて成長していくわけですが、弟子の中には先生よりも偉い人物が出たりする。そういうのを「出藍の誉」っていうんです。

解答

(2)

故《ふる》きを温《たづ》ねて新《あたら》しきを知《し》らば、以《もつ》て師《し》と為《な》るべし。

温レ故而知レ新可二以為一レ師矣。

「故《ふる》きを」から「温《たづ》ねて」は、一字返るから間にレ点。置き字をとばして「新しきを」から「知らば」へも同じですね。そのあとは「以て師と為るべし」ですが、「べ

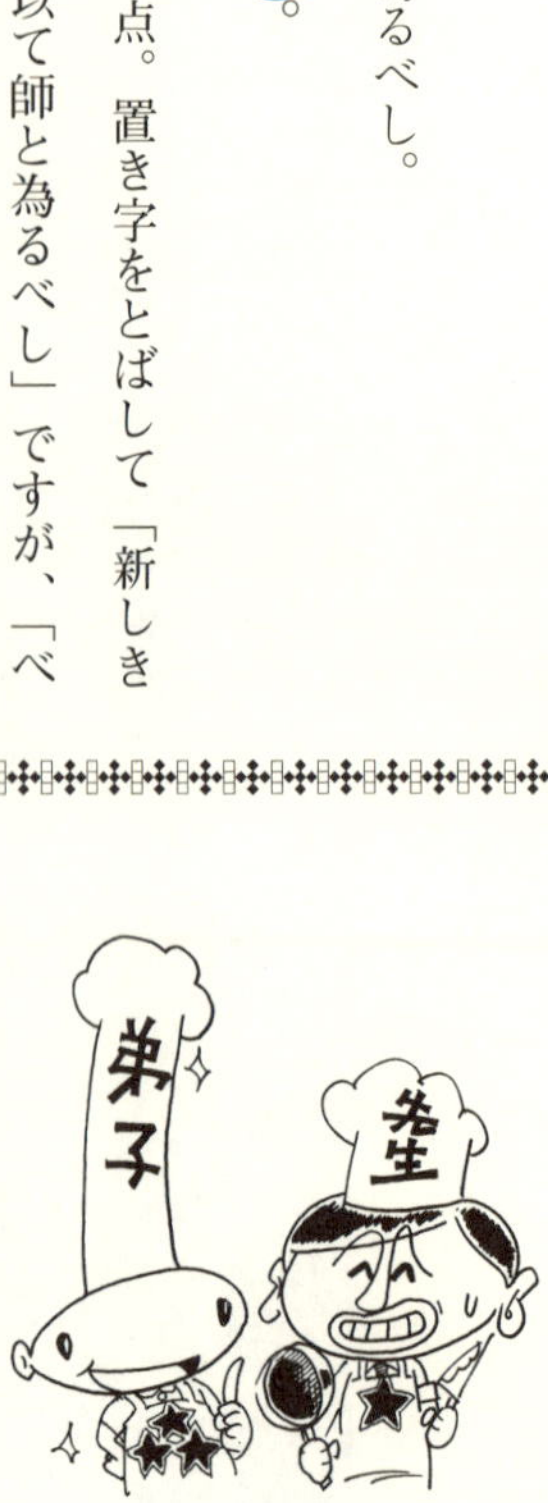

し」と読むのは「可」です。とすると、「師と」から「為る」へは一字上へ、その「為る」から「可」へは二字上ですから、「為」の左下にはレ点と一点が重なる「㆑」の形が必要になります。このあたりがポイントですよ。

これも「**温故知新**《おんこちしん》」という熟語でよく知られる『論語』の中の文句です。昔はよく学校の玄関とか校長室とかに額《がく》がかかってたものです。学問というのは、数学でも何でもそうですが、先人の切り拓《ひら》いてきたこと、つまり古いことをたずね学ぶわけですよね。しかし、大事なことはそこから新しいことを考えていけることで、そういう人こそ人の師となるにふさわしい、といっているわけです。「故《ふる》きを温《たず》ねて故きを知って」いるだけじゃ、ただのもの知りなんですね。あんまり人のことはいえませんけどね。

解答

(3) 君子《くんし》は言《げん》に訥《とつ》にして、行《おこな》ひに敏《びん》ならんと欲《ほっ》す。

君子欲〔下〕訥〔二〕於言〔一〕而敏〔中〕於行〔上〕。

「君子は」は、返り点には関係なし。置き字「於」をはさんで、「言に」から「訥にして」へは二字返るから一二点ですね。あとは、「而」「於」も置き字だから、読む字は「行」「敏」「欲」の三文字。「敏ならんと」と「欲す」の間で一二点をはさみますから、この三文字には上中下点をつけることになりますね。

「**君子**《くんし》」は重要語です。日本語では「人格者」という感じで使うことがふつうです

重要語

君子
人徳のすぐれた立派な人。人の上に立って政治を行う人。↔**小人**

が、漢文の世界、とくに儒家《じゅか》では、「人格的に立派な人」であることはもちろんだけど、「人の上に立って政治をする人」という意味あいも重要な要素なんです。政治をする人は、人格的に立派な人でなきゃ困るよね。逆にいうと、人格者だったらそれを世のため人のために役立てることが立派な人間にとっての義務なんですね。だから、いくら人格者であっても、世をのがれて山の中で一人高潔《こうけつ》に生きるといった人間を、孔子なんかはよしとしないわけです。それじゃ鳥や獣《けもの》と同じだと。

さて、君子というものは、言葉は「訥《とつ》」つまり能弁《のうべん》ではなくても、行動には機敏であろうとするものだ、という意味です。孔子は多弁、能弁タイプの人間は好きじゃなかったようですね。

ちなみに、「敏行《としゆき》」という名前のもとはこの文章なんですよ。明治の元勲《げんくん》の伊藤「博文《ひろぶみ》」とか山県《やまがた》「有朋《ありとも》」とかも『論語』からとった名前です。こういうモトのある名前は、知らないでつけると恥ですよ。「敏行君は、お父さん、『論語』からつけたのかな？」ってきかれて「エ？」じゃね（笑）。それで、家に帰ってお父さんに「父さん、俺の名前『論語』からつけたの？」って聞いて、「エ？」だったらもっと悲しいものがありますね（笑）。

はい、**置き字**、いいですか。**書き下し文には書かない**ということに注意ですね。**全部で八個**しかないわけですから、とにかく覚えましょう。

第3講 再読文字

再読文字は、最も出題されやすいポイントの一つ。字を見たら、読み方と訳し方が頭に浮かぶようにしよう。

再読文字は全部で十個あります。八種類十個です。再読文字は使役、反語と並んで、漢文で最も質問されやすいベスト3なんです。書き下し文の問題も多いんですが、解釈させる質問も多いですよ。読み方と訳し方、どちらもしっかり覚えること。

では、一つめいきますよ。

再読文字 1

未ダ二……セ一

いまダ……セず（まだ……しない）

未ダ二嘗テ敗北セ一。

【訓読】未《いま》だ嘗《かつ》て敗北《はいぼく》せず。

【訳】まだ敗北したことがない。

「いまダ……セず」。**二度目の読みの「ず」は打消の助動詞。打消の「ず」は未然形につきます**ね。ですから、「ず」へ返ってくる直前の用言の活用形は、未然形となりますね。大丈夫ですか？　わかっていると思うけど、**漢文は訓読したら古文**ですからね。古文の文法ができないと困りますよ。漢文の場合、サ変動詞が非常に多いで

再読文字は、返り点がないものとして一度読んで、返り点どおりに返ってきて二度目を読む。

すから、サ変で一応代表させて、「……セず」としておきます。

これを「いまダ……ず」だけで覚えていると、「ず」に返ってくるときにどう読むのかわからなくなる人がけっこういるんですよ。ですから、「……セず」までいっしょに覚えてください。

例文は、「未《いま》だ嘗《かつ》て敗北《はいぼく》せず」ですね。**再読文字は左下の返り点を無視して一度読み、もう一度返り点どおりにひっくり返ってきて読みます。**「ず」は助動詞だから、ひらがなにします。意味もそのままですから、大丈夫ですよね。

では、次にいきます。

●●● 再読文字 2

将ニ……ー セント

まさニ……セントす
（いまにも……しようとする）

人之ノ将ニルヤレ死セント其ノ言也ヤ善シ。


【訓読】人《ひと》の将《まさ》に死《し》せんとするや、其《そ》の言《げん》や善《よ》し。

【訳】人が今にも死にそうなときにいう言葉はよいものだ。


「まさニ……セントす」は、「……**ントす**」に読み方の特徴があって大事なんです。**「ン」は、推量や意志の助動詞「む」**です。やはり未然形に接続するので、「セントす」と覚えておきましょう。

再読文字 3

当ニシ二……スー

まさニ……スベシ（当然……すべきだ・……しなければならない）

当ニシレ惜シム二寸陰ヲ一。

【訓読】当《まさ》に寸陰《すんいん》を惜《を》しむべし。

【訳】わずかな時間も惜しまなければいけない。

例文は、「人の将《まさ》に死せんとするや」となります。「将に」は漢字ですが、**再読文字の二度目の読みは、書き下し文のときは必ずひらがな**です。ほとんどは助動詞ですが、この場合の**「ントす」の「す」はサ変動詞**です。サ変動詞も漢字では書きませんね。ここでは、「や」に続くために連体形「する」になっています。

それと、「死せ」は、サ変の「死す」の未然形。「せ・し・す・する・すれ・せよ」ですね。漢文では、「死ぬ」というナ変動詞は使いません。**「死す」**というサ変動詞になります。

この文は、『論語』の中で、孔子の晩年の高弟《こうてい》だった曾子《そうし》がいっている言葉で、「鳥の将《まさ》に死せんとするや、其《そ》の鳴《な》くや哀《かな》し＝死を前にした鳥の鳴く声は哀しいものだ」という言葉と対句になっています。

この**「将」は、「且」でも同じ**。意味も読み方もいっしょです。合わせて覚えてください ね。いいですか？ では、三つめにいきましょう。

プラスα

死す

漢文では、「死ぬ」というナ変動詞は使わず、サ変動詞の「**死す**」を使います。習慣上の問題なのですが、他にもワ行上一段活用の「用ゐる」ではなくハ行上二段の「**用ふ**」、カ変の「来《く》」ではなく「**来たる**」、「食《く》ふ」ではなくラ行四段の「**食《く》らふ**」を用いる例などがあります。

「まさニ……スベシ」ですが、この「べシ」は当然の「べし」です。「べシ」は終止形につく助動詞ですから、サ変で代表させれば「……スベシ」。「惜しむ」は、四段動詞の終止形ですよ。

しつこいようですが、再読文字は必ず二回読みますから、返ってくるために必ず左下に返り点があります。しかし、**一度目は返り点を無視して読んで、二度目に返り点どおり読む**。ですから、レ点はあるけど「まさに」と読んで、次に返り点どおり返ってきて「寸陰を惜しむべし」と読むわけです。

「寸陰」は、「一寸の光陰」の意味。「光陰」は、第1講で出てきましたね。「一寸」は、ちょっとということなので、「わずかな時間」という意味になります。ですから、「わずかな時間も惜しまなければならない」ということです。

再読文字 4

応ニシ ……ス二一

まさニ……スベシ（きっと……だろう）

応ニシレ知ル二故郷ノ事ヲ一。

【訓読】応《まさ》に故郷《こきやう》の事《こと》を知《し》るべし。

【訳】きっと故郷のことを知っているだろう。

これは、「当」と読み方は同じですが、「応」の「べし」は、推量の「べし」なん

プラスα

再読文字の旧字体

将＝將
当＝當
応＝應
猶＝猶

です。ただ、この「当」と「応」は同じように使われていることもありますから、気をつけましょう。

この句は、「君、故郷より来たる」の後に続くもので、「君は僕の故郷から来たという。きっと故郷のことを知っているだろう」という意味になります。唐《とう》の時代の王維《おうい》という詩人の五言絶句《ごごんぜっく》の一節です。

再読文字 5

宜シク（シ）二……ス一

よろシク……スベシ
（……するのがよろしい）

用フルハレ人ヲ宜シク（シ）レ取ル二其ノ所一レ長ズル。

【訓読】人《ひと》を用《もち》ふるは、宜《よろ》しく其《そ》の長《ちやう》ずる所《ところ》を取《と》るべし。
【訳】人を用いる場合は、その人の長所を生かすようにするのがよろしい。

これも「べし」だけど、上の「よろシク」でわかるように、**適当の「べし」**です。ですから、「よろシク……スベシ」で、「……するのがよろしい」の意味です。

「用レ人」はひっくり返って、「人を用ふるは」。「用ふる」は上二段の「用ふ」の連体形です。次に再読文字を「宜《よろ》しく」と一度読んで、あとは返り点どおり返って「其《そ》の長《ちやう》ずる所《ところ》を取《と》るべし」。

「人を用いる場合は、その人の長所を生かすようにするのがよろしい」という意味

三羽の特別講義

五言絶句

唐や宋の時代などの近体の詩では、四句で構成される詩を「**絶句**《ぜっく》」、八句で構成される詩を「**律詩**《りっし》」といいます。一句の字数が五文字であれば「**五言**《ごごん》」、七文字であれば「**七言**《しちごん》」。ですから、「五言絶句」というのは、一句が五文字で全体が四句でできている詩ということになります。

です。人を使う立場にある人にとっては、たいへん大事なことですね。

再読文字6

須ラクシ二……ス一

すべかラク……スベシ
（……する必要がある・……しなければならない）

須ラクシ三常ニ思フ二病苦ノ時ヲ一。

【訓読】須《すべか》らく常《つね》に病苦《びやうく》の時《とき》を思《おも》ふべし。

【訳】常に病気で苦しんだときのことを思い出す必要がある。

この「すべかラク」も、二度目の読みは「べし」です。この「べし」は、推量、意志、適当、勧誘、当然、可能、命令、予定のどれともいいにくいですね。「須」という字は、「必須科目」という使い方からもわかるように、「必要」の「べし」だと思ってください。

左下に「三」があるけど「須《すべか》らく」と一度読んで、あとは一二三点ね。「須《すべか》らく」なんていう読み方は、覚えてなければできませんよ。いいですね。

この例文の前には、「病癒《やまひい》ゆれば多《おほ》く慎《つつし》みを忘《わす》る」という文句があるんです。「病気が治ると多くの人々は摂生《せっせい》を忘れてしまう」。ちょっと具合がよくなると、またタバコを吸ったり、酒を飲んだりしてしまう、と。だから、「常に病気で苦しんだときのことを忘れてはいけない」ということです。

再読文字 7

猶ホ㆓シ……ノ(ガ)㆒ごとシ

なホ……ノ（ガ）ごとシ（あたかも……のようだ・ちょうど……と同じだ）

過ギタルハ猶ホ㆑シ不ルガ㆑及バ。

【訓読】過《す》ぎたるは、猶《な》ほ及《およ》ばざるがごとし。

【訳】行き過ぎは、足りないのと同じことだ。

「過ぎたるは」のあと、レ点があるけど「猶ほ」と一度読みます。あとは返り点どおりレ点レ点で、「及ばざるがごとし」ですね。「ごとし」は古文では比況《ひきょう》の助動詞です。

例文の「過ぎたるは猶ほ及ばざるがごとし」というのは、「覆水盆《ふくすいぼん》に返《かへ》らず」、つまり「済んでしまったことはとりかえしがつかない」という意味ではありませんよ。これも出典は『論語』で、高弟の子貢《しこう》が先生の孔子に、もっと若い弟子の子張《しちょう》と子《し》夏《か》のどちらがすぐれているかを質問したんです。孔子は、「子張は才気にまかせてやりすぎる面がある、子夏は控えめすぎて足りない面がある」と答えた。そこで子貢が、「じゃあ子張のほうが…」といったときに、孔子は「いやいやそうじゃない。行き過ぎたことをするのは、そこまでやり足りないのと同じだ。どちらもまずい」といった。そういう場面にでてくる言葉です。

この「猶」は、「由」でも同じ使い方をします。次は、最後ですね。

古典文法 確認

比況の助動詞「ごとし」

「ごとし」は格助詞の「の」と「が」に接続します。上が名詞の場合は「山のごとし」のように「の」、上が活用語の場合は、上の例文の「ざるがごとし」のように連体形＋「が」につきます。

- **名詞＋の**＋ごとし
- **連体形＋が**＋ごとし

再読文字 8

盍ゾル二……セ一

なんゾ……セざル
（……したらどうか・どうして……しないのか）

盍ゾル三各ミ言ハ二爾《なんぢ》ノ志ヲ一。

【訓読】 盍《なん》ぞ各ミ《おのおの》爾《なんぢ》の志《こころざし》を言《い》はざる。
【訳】 どうして、それぞれ自分の志を言わないのか。

この場合の二度目の「ざる」は、「なんゾ」という疑問詞と係り結びなので、文末が**打消の「ず」の連体形**なんですね。

例文の意味は、「どうして、それぞれ自分の志を言わないのか」つまり、「自分の志を言ったらどうだ」ということですから、**「〜したらどうだ」という勧誘の訳し方**のほうがいい場合もあります。**「ミ」は繰り返し記号**です。

「なんぢ」はふつう「汝」を使いますが、「若・而・女・爾」も「なんぢ」と読みます。目下の者に対する二人称、「おまえ」ですね。

では、練習問題へいきましょう。入試レベルでは、こういう**送りがなのない傍線部を読めるか、これが非常によく出る**んです。返り点も送りがなもついているものを書き下し文にせよなんてカンタンな問題は、ありませんよ。

プラスα

繰り返し記号「ミ」

漢字の右下にある「ミ」は繰り返し記号。「各ミ」（おのおの）の他にも、「夫ミ」（それぞれ）、「益ミ」（ますます）、「数ミ」（しばしば）、「偶ミ」（たまたま）、「逾ミ」（いよいよ）などがあります。

同訓異字

なんぢ

目下の者に対する二人称で、「おまえ」の意。「**爾**」の他、「**汝・若・而・女**」もすべて「なんぢ」です。

練習問題

5min

練習問題をやってみよう

次の各文の傍線部（送りがなは省略してある）を書き下し文にして口語訳せよ。

(1) 知リテ二其ノ一ヲ一、未レ知二其ノ二一。

（　　　　）

【　　　　】

(2) 引キテレ酒ヲ且レ飲レ之。

（　　　　）

【　　　　】

(3) 王若《も》シ不《ず》ンバレ用ヒレ鞅ヲ、当レ殺レ之。（鞅《おう》＝人名）

（　　　　）

【　　　　】

(4) 孤《こ》之《の》有ルハ二孔明一、猶二魚之有一レ水也。

（孤＝王侯の自称。孔明＝人名）

（　　　　）

【　　　　】

(5) 子《し》盍レ行二仁政一。

（　　　　）

【　　　　】

解答

(1) 知リテ二其ノ一ヲ一、未ダレ知ラ二其ノ二ヲ一。

（未《いま》だ其《そ》の二《に》を知《し》らず。）

【まだ其の二は知らない。】

まず、「其《そ》の一《いち》を知《し》りて」まではいいですね。その次に、再読文字の「未」があります。当然、「いまダ……せず」ですよね。パッと浮かびましたか？

上に「其の一を知りて」というい方があるから、これを受けて「未だ其の二を」。「知る」は、ラ行四段活用ですから、「ず」へいくには「知らず」ですね。ここで「未然形＋ず」という知識が必要なわけです。書き下し文では、**二度目の読みはひらがなにします**から、「知らず」。「ず」は助動詞ですから、ひらがなにするのは当たり前で、再読文字だからというわけではないんですけどね。

はい、口語訳はどうでしょうか？　前後の話がわかりませんから「其の一は知っていて、まだ其の二を知らない」っていうしかありませんね。

実は、**漢の高祖《こうそ》**が、自分が天下をとり、項羽《こうう》が天下を失った理由を、臣下の者に「君は一面はわかっているようだが、まだもう一つの面がわかっていない」といった言葉なんです。漢の高祖は、教科書によくある「**鴻門之会《こうもんのかい》**」や「**四面楚歌《しめんそか》**」で出てくる、**沛公《はいこう》（劉邦《りゅうほう》）**という人ですね。彼とライバル関係にあった**項羽**のこともよく出ますので、ここらへんは常識的に名前を知っていたいですね。

解答

(2) 引キテレ酒ヲ且ニレ飲マントレ之ヲ。

（且《まさ》に之《これ》を飲《の》まんとす。）

【いまにもこの酒を飲もうとしている。】

「酒《さけ》を引《ひ》きて」までは、いいですね。「酒を引き寄せて」。次、再読文字の「且」があります。これは「将」と同じ使い方でしたね。「まさニ……セントす」です。返り点の打ち方から考えると、「飲」に「ント」がつくことがわかります。この「ん」は、推量・意志の助動詞の「む」。ということは未然形につきますから、「飲まんとす」ね。「飲む」は、四段活用ですからね。

では、「之」はどうする？　返り点がつくということは、「之」は「の」ではありません。名詞なんです。「これ」と読んで、ここでは当然直前にあった酒をさしています。

送りがなは、ふつうの述語に返る場合は、**「ヲニトあったら返れ」**という決まりがあります。つまり、**送りがなに「ヲ・ニ・ト」があるということは、目的語や補語があるということ**で、**そこから返り点で述語に返る**わけです。「ヲ」か「ニ」か「ト」かは、入れてみるしかありません。ここでは、「酒を飲む」んだから、「ヲ」がいいでしょう。最後の「す」はひらがなですよ。いいでしょうか。

これは「**蛇足《だそく》**」という有名な故事に出てくる文章です。

漢文は、「ヲニトあったら返る」。送りがなに「ヲ・ニ・ト」があったら、述語に返ります。

故事成語

蛇足

酒を賭《か》けて蛇の絵を描く競争をしていたときに、一番にできあがった男が、他の者がまだまだなのを見て、蛇に足を描いてしまったために酒が飲めなかったという話から、「よけいなもの」の意味に用います。

解答

(3) 王若《もシ》不《ずンバ》レ用《ヒ》レ鞅《ヲ》当《ニ》シレ殺《ス》レ之《ヲ》。

（当《まさ》に之《これ》を殺《ころ》すべし。）

【彼を殺さなければならない。】

「王《わう》若《も》し、鞅《あう》を用《もち》ひずんば」は、いいでしょうか。「用」は古文ではワ行上一段の「用ゐる」がふつうですが、漢文ではハ行上二段の「用ふ」なんでした。

「当」は再読文字で、「まさニ……スベシ」でしたよね。では、「殺」は何活用か？ 四段活用ですね。「べし」は終止形につきますから、「殺すべし」。そして「之」は、さっきの(2)と同じで「**ヲニトあったら返れ**」ですから「之《これ》を」と読み、「鞅」という人物をさしています。

まとめると、「当《まさ》に之《これ》を殺すべし」。意味は、「鞅を殺すべきだ」です。有能な人物は、他の国で力を発揮されると脅威ですよね。だから、自分の国で用いないならば殺せ、というわけです。「鞅」というのは、秦《しん》の孝公《こうこう》のもとで法治主義政治を行なって成果をあげた商鞅《しょうおう》という人物で、のちの韓非子《かんぴし》なんかの先駆《せんく》的存在です。

解答

(4) 孤《こ》之《の》有《ルハ》二孔明一、猶《ホ》キ二魚之有《ルガ》レ水也。

（猶《な》ほ魚《うを》の水《みづ》有《あ》るがごときなり。）

【魚にとって水があるようなものだ。】

「孤《こ》」は「寡人《かじん》」という重要単語と同じで、王侯の自称・謙称です。「寡」は「寡《すくな》い」、つまり「徳の寡《すくな》い私」ってことなんです。「孔明」は三国志で有名な**諸葛孔明《しょかつこうめい》**。その下に「猶」の再読文字がありますので、「なホ……ごとシ」となります。「魚之有レ水」は上の「孤之有二孔明一」と同じことを比喩的にいってるんだから、「魚の水有る」となることが推測できます。

「……ごとし」は、名詞なら「……のごとし」ですが、**活用語の場合は「……がごとし」**でしたよね。ラ変動詞「有り」は連体形「有る」にして「がごとし」をつけます。で、最後に断定の助動詞に当たる「也」があるので、「ごとし」を連体形にして「猶《な》ほ魚の水有るがごときなり」と。

私にとって孔明がいるのは、あたかも魚にとって水があるようなものだ、といっているんですね。ここから「**水魚《すいぎょ》の交《まじわ》り**」という言葉が生まれています。「孤」といっているのは、三国志のお話では主人公になっている蜀《しょく》の劉備《りゅうび》です。「魚」が自分で「水」が孔明なんですから、彼にとって諸葛孔明という家臣がいかに大きな存在であったかがわかりますね。

解答

(5) 子《し》盍ゾルレ行ハ二仁政ヲ一。

(**盍《なん》ぞ仁政《じんせい》を行《おこな》はざる。**)

【どうして仁に基づく政治を行わないのか。】

重要語

孤・寡人

いずれも王侯の自称・謙称。王や諸侯が自分を謙遜していう言葉です。

故事成語

水魚の交

魚と水とのように、切っても切れない関係をあらわす語。もともとは君臣関係に使われたのですが、親密な友情や交際をあらわす語として一般的に使います。

最後の(5)にいきましょう。再読文字「盍」は、「なんぞ……セざル」でしたね。「仁政」は熟語です。「行」はどう読みます？　「仁政に行《ゆ》く」ではおかしいですから、「仁政を行《おこな》ふ」でしょう。つまり、「仁に基づく政治をどうしてやらないのか」という意味ですね。「行ふ」だということに気づくのがポイントです。

意味は、「王様、あなたはどうして仁に基づく政治をしないのですか」。「行なったらどうですか」という、勧誘みたいな訳でもいいでしょう。

はい、ここまでいいですか？　もう一つ、練習問題をやりましょう。今度は返り点をつける問題です。

練習問題　3min

次の書き下し文を参考にして、後の漢文に返り点をつけよ。（送りがなは不要）

(1) 餓《う》ゑてまさに死《し》せんとするに及《およ》びて歌《うた》を作《つく》る。

及 餓 且 死 作 歌。

(2) 大丈夫《だいぢやうふ》まさにかくのごとくなるべきなり。

大 丈 夫 当 如 此 也。

(3) 君子《くんし》は宜《よろ》しく善《ぜん》を善《ぜん》とし悪《あく》を悪《あく》とすべし。

君 子 宜 善 善 悪 悪。

解答

(1) 餓《う》ゑてまさに死《し》せんとするに及《およ》びて歌《うた》を作《つく》る。

及二餓且一レ死作レ歌。

「餓《う》う」はワ行下二段活用です。で、「まさに」は再読文字「且」ですね。本来は、「まさに」はひらがなにする必要はないわけですが、読めるかどうかを問うために、ひらがなにしてあるわけです。

「まさに死せんと」から二度目の読み「するに」で「且」へひっくり返りますね。「且」の左下にまずレ点。「且」から「及びて」は二字上ですから、「且」の左下に一点、「及」の左下に二点です。ということは「レ」になりますね。「歌を作る」は、一字返るだけですから「作る」の左下にレ点でいいですね。

意味は、「飢《う》えて今にも死にそうになったときに、歌を作った」。大昔の、伯夷《はくい》と叔斉《しゅくせい》という兄弟の話の一節です。

解答

(2) 大丈夫《だいぢやうふ》まさにかくのごとくなるべきなり。

大丈夫当レ如レ此也。

「大丈夫《だいぢやうふ》」は、「だいじょうぶ」ですよ。「だいじょうぶ」と読まないように。「一人前の立派な男」という意味です。

ポイントになっている再読文字は、「当」（まさニ……スベシ）ですね。ただ問題

重要語

大丈夫

読みは、「だいじょうぶ」。意志が強くて立派な人物のことです。＝**丈夫**

文には最後に「也」があるから、「べし」は連体形で「べき」になっています。とすると、中の「如ㇾ此」が「かくのごとくなる」のようだとわかりますね。そして、「如」が「ごとく」と読む字だから、「此」が「かくの」で一字ひっくり返るんだろうと。知らなくてもそれくらい考えたいよね。

「ごとくなり」という助動詞が、実はあるんです。意味は、「ごとし」とほとんどいっしょです。ただ、**「如ㇾ此（如ㇾ是、如ㇾ斯、若ㇾ是、若ㇾ此）」**は、ふつうは**「かくのごとし」**で、これはたいへん大事です。

「如ㇾ此」から再読文字に戻って「べき」なので、「当」の下にもレ点がつきますね。これは、のちの**漢《かん》の高祖《こうそ》劉邦《りゅうほう》**が、若いころ秦《しん》の始皇帝《しこうてい》の行列を見ていった言葉とされています。「男というものはこのようでなくてはなぁ」という感嘆の言葉ですね。いっぽう、ライバルの項羽《こうう》にも同じエピソードがあって、**項羽**は「彼とりてかはるべきなり＝やつにとって代わってやるぞ！」といったっていうんです。ふたりの性格の違いをよく描いたエピソードとはいえますね。

解答

(3) 君子《くんし》は宜《よろ》しく善《ぜん》を善《ぜん》とし悪《あく》を悪《あく》とすべし。

君子宜ㇾ善ㇾ善悪ㇾ悪。

再読文字は「宜」ですね。「よろシク……スベシ」。問題は「善善悪悪」ですが、「善を善しとし」の「善を」は、**「ヲ」がつくから目的語**なんです。「善とす」はサ変動詞です。動詞は述語になるので、ここは下の「善」から上の「善」へひっくり返って「善」と「善」の間にレ点がつきます。「悪悪」も同じです。「悪」と「悪」の間にレ点がつきます。そうすると、再読文字の「宜」に戻るためには「悪とす」、つまり下から二つ目の「悪」の左下に一点、ここでやはり「レ」になりますね。「宜」の左下に二点でできあがり。

意味は「君子というものは、良いことは良い、悪いことは悪いとするのがよろしい」となります。

かなりみっちりやったんで、覚えきれなかった人はもう一度しっかり復習してくださいね。

再読文字は、返り点を一度無視して読み、もう一度返り点どおりにひっくり返って読む。返り点を打つ場合は、二度目を読むときに、どの字から何文字ひっくり返ってくるか、だよね。全部で十個だから、読み方と訳し方、覚えやすい短い例文といっしょに必ず覚えるように。

はい、いいですね。次回からは否定形をやっていきましょう。

第4講 否定の基本形・禁止・不可能

否定の基本形は三つ。返るときの形に注意しましょう。禁止は訳し方の柔軟性がポイント。

はい、これから連続三回、否定形の勉強をします。今回は否定形の基本と、禁止、不可能をやります。否定形の基本は三つ。それぞれ、どういう形から返ってくるのか注意しましょう。禁止は訳し方の柔軟性がポイント。不可能も型にはまった形なので、覚えてしまえばカンタンです。

では、否定の基本形からやりましょう。三つです。

否定形 1

不ニ……一セ

……セず（……しない・……ない）

弗レバ食《くラハ》不ルレ知ラ二其ノ旨《うまキヲ》一也。

【訓読】食《く》らはざれば其《そ》の旨《うま》きを知《し》らざるなり。

【訳】食べてみなければ、そのうまさはわからない。

まず、「不《ず》」で打消す形ですね。「不」は**打消の助動詞「ず」**ですから、**未然形に接続**します。これは、「ヲ・ニ・ト」がなくても**必ずひっくり返って使われる字**で、こういうのを**返読文字**ということもあります。

基本形の一つめは、「不」。未然形から返ってくる打消の「ず」という形でおさえる。

三羽の〇〇特別講義

返読文字

目的語や補語の送りがな「ヲ・ニ・ト・ヨリ」などから述語へ返る原則とは別に、必ず返り点で返って読む字があり、それらを「返読文字」とよぶことがあります。主なものは、

不・弗（ず）
有（あり）・**無**（なシ）・**勿**（なカレ）
易（やすシ）・**難**（かたシ）
如・若（ごとシ）・**可**（ベシ）
見・為・被（る・らル）
使・令・教・遣（しム）
与（と・より）・**自・従**（より）
多（おほシ）・**少**（すくなシ）
所（ところ）・**毎**（ごとニ）

サ変動詞で代表させておくと、「せ・し・す・する・すれ・せよ」だから、「……せず」ということになりますね。これは用言（動詞・形容詞・形容動詞）を否定して、「……しない・……ない」という意味になります。

助動詞「ず」の活用は、ちょっと複雑だったよね。思い出せない人は、活用を確認しておいてください。

さて、例文を見ましょう。この例文では「不」と「弗」が両方とも使われていますね。**「弗《ふつ》」という字も、「不」と同じ働き**をします。

上の「弗」は「已然形＋ば」で、「食らはざれば」。「食」は「くラフ」と読みます。「不」のほうは下に断定の「なり」があるから、連体形にして「知らざるなり」ですね。「食《く》らはざれば、其《そ》の旨《うま》きを知らざるなり」と読みます。助動詞だから、当然ひらがなにします。

この文章の前には、「嘉肴《かこう》ありといへども」という言葉があります。したがって、「うまい食べ物がそこにあっても、食べてみなければそのうまさはわからない」ということになります。

これも、もちろん食べ物のことをいいたいんじゃありませんよ。『礼記《らいき》』という書物にある言葉で、「至道《しどう》有りといへども、学ばざれば其の善《よ》きを知らざるなり＝最高の道があっても、学ばなければその良さはわからない」という文句と対句になっています。

古典文法 確認

打消の助動詞「ず」

未然	連用	終止	連体	已然	命令
	ず	ず	（ぬ）	（ね）	
ざら	ざり		ざる	ざれ	ざれ

漢文では右の活用のうち、連体形「ぬ」、已然形「ね」の読み方は使いません。

否定形 2

無ㇱ二……一
（……なシ）
（……が(は)ない・……なものはない）

有《リ》レテ害 無《シ》レ益。

【訓読】害《がい》有《あ》りて益《えき》無《な》し。
【訳】害があって、益がない。

次は、「無」で打消す用法です。**「無」は、形容詞「無し」で、体言や活用語の連体形から返ります。**

「無」は（「有」もそうなんですが）、名詞からひっくり返る場合、送りがなしで直《じか》に返ってくる**返読文字**です。例文でも、「害」「益」は名詞ですから、「ヲ・ニ・ト」などの送りがなはつかず「害《がい》有《あ》りて益《えき》無《な》し」となります。

「無」は、**活用語であれば連体形から返ります**。サ変でいえば「……するなし」となるわけですが、この「する」に「もの」をつけて「……するものなし」と読むケースも多いですね。

この「無」と同じ働きをするものに「**莫・毋・勿**」があります。「毋」という字は、「母《はは》」とは別の字ですよ。つい、「母」をあんなふうに書いたりするけど、漢文では気をつけましょう。

次いきましょう。

古典文法確認

無し

未然	連用	終止	連体	已然	命令
	なク	なシ	なキ	なケレ	
なカラ	なカリ		なカル		なカレ

活用語尾の部分は、送りがな。命令形の「なカレ」は、禁止形になります。

プラスα

無ㇰ二AB一ト

「無」には型にはまった、覚えておきたい形があります。

無ㇰ二AトB一（ABトなク）

無ㇰレAト無ㇰレBト（AトなクBトなク）

この形で「**ABを問わず**」とか「**ABの別なく**」と訳します。**ABには対義語**が入り、たとえば「大小と無く」だったら「大小を問わず」と訳します。

●●●3 否定形

非ズ二……ニ一

……ニあらズ
（……ではない・……でない）

兵ハ非ズ二君子之器ニ一。

【訓読】兵《へい》は君子《くんし》の器《き》に非《あら》ず。

【訳】武器は君子の用いる道具ではない。

基本的な否定形の三番目として、「非」があります。「匪」も同じです。

「非《あら》ず」の「あら」はラ変の未然形で、「ず」は打消の助動詞「ず」です。「非」のひっくり返り方には特徴があって、必ず「……に非ず」となります。

この「に」は、断定の助動詞「なり」の連用形です。古文の問題によく出る「紛らわしい語の識別」で一番多いのが「に」の識別だよね。あの場合、断定の「に」だとわかるポイントは、「……にやあらん」とか「……にしもあらず」のように、下にラ変の「あり」がくることです。あれなんですね。だから、「非」は必ず「……ニあらズ」と覚えましょう。

「に」が断定の助動詞だということは、「に」の上には名詞、あるいは活用語の連体形がきます。

例文では、「器」という名詞から返って、「器《き》にあらず」となります。

「無」は、名詞・連体形からひっくり返ってくる返読文字。「非」は、「……ニあらず」と覚えよう。

「兵」は、ここでは「武器」のことです。兵士のこともいいますが、軍隊や戦争の意味にも使います。「兵」が動詞になると、「武器で殺す」という意味。刀ならば「斬り殺す」となります。この「兵ス」はとても重要ですよ。覚えましょう。

否定形の基本は、以上の三つです。たった三つ。

では、次は禁止。禁止の形も、一種の否定形ですね。パターンは、二つです。

禁止形 1

勿カレ二……スル一

（……スルなカレ　……するな・……してはいけない）

己《おのれ》ノ所レ不レル欲セ勿レカレ施二スコト於人一ニ。

【訓読】己《おのれ》の欲《ほつ》せざる所《ところ》、人《ひと》に施《ほどこ》すこと勿《な》かれ。

【訳】自分のいやなことは、人にしてはいけない。

まず「**なかれ**」ですが、これは「**なし**」の**命令形**です。だから、「なし」と読む漢字は全部使います。「**勿・無・莫・毋**」などですね。どの漢字が使われていても、下にある動詞の連体形からひっくり返って「……スルなカレ」あるいは「……スルコトなカレ」と読みます。**返読文字**ですからね。

禁止の訳し方で気をつけることは、状況によって柔軟であってほしいということです。強く「……**するな**」と訳す場合もあるし、「……**してはいけない**」とか、もっ

重要語

兵
「武器、兵士、軍隊、戦争」の意味。サ変動詞「兵《へい》す」になると、「（武器で）殺すこと」です。

禁止の訳は、「……するな」という強いものから「……しないでくれたまえ」という懇願調までいろいろ。文脈で判断すること。

と懇願調に「……しないでくれたまえ」と訳す場合もあります。文脈から強弱を考えて訳すようにしてください。

例文の、下から二番目の「於」は置き字ですね。「人に施すこと」の「に」にあたるんでした。

これは『論語』の中でも、最も人気のある言葉のひとつです。孔子が弟子に、自分の生き方のモットーにしていける言葉は何かと聞かれたとき、「其《そ》れ恕《じょ》か」、つまり「ウーン、それは『恕』かな」って答えるんですが、その「恕」を説明した言葉です。「自分のいやなことは、人にもしてはいけない」、つまり「思いやり」のことをいっている言葉です。いい言葉ですよね。

2 禁止形

不レ可カラ二……ス一

……スベカラず
（……するな・……してはいけない）

一寸ノ光陰不レ可カラレ軽ンズ。

【訓読】一寸《いっすん》の光陰《くわういん》軽《かろ》んずべからず。

【訳】わずかな時間も無駄にしてはいけない。

二つめの「……スベカラず」は、不可能（……できない）の場合もありますから、前後の状況をみて意味を考える必要があります。

例文は、返り点のところでもやったんですが、覚えていますか？　「一寸の光陰軽んずべからず」。これは禁止ですね。

前にもいいましたが、句法は短い例文を覚えること、これが一番覚えやすい。具体的に覚えられますからね。

次は、不可能の形です。

不可能 1

不レ可《カラ》二……《ス》一　……スベカラず（……できない）

朽《きう》木《ハ》不レ可《カラ》レ彫《ゑル》。


【訓読】朽木《きうぼく》は彫《ゑ》るべからず。

【訳】腐った木は彫ることができない。


さきほどやった禁止形の2と同じ形ですね。これは、見かけではわかりませんから、禁止か不可能かは文脈によって決めます。

「べし」は終止形から返ります。ということは、サ変の形でみると「……スベカラず」となります。ただ、ラ変型に活用する語につく場合は例外で、連体形に接続するんです。これは、終止形につく助動詞はみんなそうです。たとえば、ラ変の「あり」は、「べカラず」に接続すると「あるべカラず」になる。「ある」は連体形です

不可能の形は、「不レ可（べからず）」「不レ能（あたはず）」「不レ得（えず）」の三つを必ずおさえる！

ね。ついでだけど、ラ変型活用語ってラ変動詞だけじゃありませんよ。形容詞・形容動詞なんかもラ変型活用語ですよ。

「朽木は」の「朽」は、「腐っている」という意味ですね。「彫《ゑ》る」は彫刻の「彫」、要するに「彫《ほ》る」ということ。「腐った木は彫《ほ》ることができない」の意味です。「べカラず」は、書き下し文にするときは、ひらがなですよ。「べカラ」も「ず」も、どちらも助動詞ですからね。

これは、もちろん、ただ木の話をしてるんじゃありません。「性根《しょうね》の腐った人間は教育することはできない。教えても無駄である」ということ。『論語』の中で、孔子が昼寝をしていた宰予《さいよ》という弟子を叱《しか》る場面に出てくる文句なんです。

不可能 2

不レ能ハ二……スル一　……スルあたハず（……できない）

其ノ人弗ルレ能ハレ応フル也。

【訓読】其《そ》の人応《ひとこた》ふる能《あた》はざるなり。

【訳】その人は答えることができなかった。

「あたハず」は、活用語の連体形から返ります。サ変だったら「する」につながって、「……スルあたハず」となるわけです。下に「こと」を補って「……スルコトあ

古典文法確認

ラ変型活用語

ラ変動詞以外にも、形容詞の補助活用である「から・かり・○・かる・○・かれ」や、形容動詞の「なら・なり・なり・なる・なれ・なれ」、その他、これらのように活用する助動詞がありますが、漢文ではこのことに注意しなければならないような例はそれほど頻繁ではありません。

たハず」となる場合もあります。

「能はず」を「あたはず」と読む。この読み方は非常に大事ですから、正しく読めるようにしてくださいね。

例文の文末には、断定の「なり」がありますから、「弗」は連体形になって「ざるなり」。これは有名な「矛盾《むじゅん》」という故事の最後の文句。つじつまがあわなくなって「その人は答えることができなかった」ということです。「応《こた》ふる」は下二段「応ふ」の連体形ね。

ところで、「能」という字は、**「不」で打消す場合は「能《あた》はず」ですが、「無」で打消すと「能《よ》く……無《な》し」と読みます。**

3 不可能

無シ二能ク……スルモノ一
よク……スルモノなシ
（……できるものはない）

莫シ二能ク仰ギ視ルモノ一。

【訓読】能《よ》く仰《あふ》ぎ視《み》るもの莫《な》し。

【訳】仰ぎ見ることができる者はいなかった。


「四面楚歌《しめんそか》」の場面で、項羽《こうう》が、もはや最後だという気持ちで詩をうたうんです。はべっていた家来たちも皆涙を流して、「顔を上げて項羽を仰ぎ見ることができる者はいなかった」という文です。

プラスα

能《よ》く
「能」は「不」で打消す場合だけ「あたはず」で、それ以外は「よク」と読みます。肯定文では必ず「よク」。否定文でも上の3のように「無」で打消す場合は「よク」です。「善」も同じように使うことがあります。原則的には肯定文で「あたふ」とは読みません。

4 不可能

不レ得ニ……一スルヲ　……スルヲえず（……できない）

終《つひニ》不レ得レ帰ルヲ漢ニ。

【訓読】終《つひ》に漢《かん》に帰《かへ》るを得《え》ず。

【訳】とうとう漢に帰ることができなかった。

「えず」は必ず、「……を得《え》ず」という形でひっくり返ります。「得《え》」は語幹と語尾の区別ができないア行下二段の「得《う》」の未然形ですね。これは否定形じゃないときでも「……を得《う》」となります。

「を」という格助詞は、名詞か活用語の連体形につきます。ですから、サ変でいえば「……するを得ず」となる。「帰る」は四段活用ですから、連体形も「帰る」です。ですから、「終に漢に帰るを得ず」。

漢文では、送りがなにいちいち過去の助動詞をつけませんが、話の流れから過去形にするのが自然な場合には、自分で判断して訳してください。

不可能の形は、この三つが代表的なものです。肝心なのは、そこへくる直前の活用形です。「可《べ》シ」や「能《あた》フ」や「得《う》」が文法的に、何に接続するのかがわからないといけません。

同訓異字

つひニ

「遂・終・卒・竟」はすべて「つひニ」。とくに「**終・卒**」は読みの質問が多いので注意しよう！

続けてもう一つやっておきましょう。

5 不可能

不レ可《カラ》ニ勝《あゲテ》……ス一

あゲテ……スベカラず（……しきれないほど多い）

魚鳥不レ可《カラ》ニ勝《あゲテ》数《フ》一。

【訓読】魚鳥《ぎょてう》勝《あ》げて数《かぞ》ふべからず。

【訳】魚や鳥は数えきれないほど多い。

「不可」の下に「勝」が入った形で、「あゲテ……スベカラず」と読みます。こういった、型にはまったパターンは、覚えるしかないですね。「勝」を「あげて」と読むなんてことは、考えてわかるものじゃありません。覚えてなければダメです。

これは訳し方も大事ですよ。「……しきれないほど多い」って訳すんですが、なんでそんな訳になるかというと、これは、「不レ可《カラ》勝《フ》レ数《フルニ》」で「数《かぞ》ふるに勝《た》ふべからず」とも読めるんです。「数えるのにたえられない」。「勝《た》ふ」は「堪」「耐」なんかと同じ。「数えることにたえられないほど多い」ってことなんです。

はい、ではここまで全体の復習をします。

覚えていなければわからない、型にはまった表現は大事だ！

練習問題をやってみよう

8min 練習問題

次の各文（傍線部は送りがなを省略してある）を書き下し文にして、口語訳せよ。

(1) 見《テ》レ義《ヲ》不《ルハ》レ為《なサ》無《キ》レ勇 也。

（　　　　）【　　　　】

(2) 無《キハ》二是 非 之 心一非《ザル》レ人《ニ》 也。（是非之心＝善悪を判断する心）

（　　　　）【　　　　】

(3) 無《カレ》レ友《トスル》二不《ル》レ如《しカ》レ己《ニ》 者《ヲ》一。

（　　　　）【　　　　】

(4) 酔《ウテ》臥《ス》二沙 場《ニ》一君 莫レ笑。（沙場＝砂漠）

（　　　　）【　　　　】

(5) 非《ザレバ》二此《ノ》 母《ニ》一不レ能レ生二此 子一。

（　　　　）【　　　　】

(6) 材 木 不レ可二勝 用一。

（　　　　）【　　　　】

解答

(1) 見テレ義ヲ不ルハレ為《な》サ無キレ勇也。

（義《ぎ》を見《み》て為《な》さざるは勇無《ゆうな》きなり。）

【正しい道と知りながらしないのは、勇気がないのだ。】

「不」には未然形で返って「為さざる」、「無し」は名詞から返る場合、「ヲ・ニ・ト」はつかないんでしたね。最後の「也」は助動詞ですから、ひらがなにします。で、「勇無きなり」。これはもう、いいですよね。

「義」は大切な語です。人間として当然こうあるべきだという正しいあり方、「人間としての道」ですよね。たとえば、街の中で誰かがチンピラに囲まれて困ってる。そばを通ったとき、助けてあげるのが正義だとわかっていながら、かかわりあいにならないように通り過ぎるとか。よくありますよね。それは「勇気がない」ってことだと。人のこといえませんけどね（笑）。

解答

(2) 無キハ二是非之心一非ザルレ人ニ也。

（是非《ぜひ》の心無《こころな》きは人《ひと》に非《あら》ざるなり。）

【善悪を判断する心の無いものは人間ではない。】

これも返り方はいいですね。「是非の心」は注にありますから、「善悪を判断する心の無いものは人間ではない」となります。「非ズ」は「……ではない」ね。

重要語

義　人間として当然ふみ行うべき正しい道のこと。

解答

(3) 無カレレ友トスル二不ルレ如シカレ己ニ一者ヲ。

（己《おのれ》に如《し》かざる者《もの》を友《とも》とする無《な》かれ。）

【自分より劣っている者を友達にしてはいけない。】

はい、下から二番目の「己」が左下に返り点のない最初の字だから、ここからスタート。レ点レ点で返って「己に如《し》かざる」（「ざる」はひらがなですよ）と片づいたら、一までいって二へ返って「者を友とする」、そこからレ点で、一つ上の「無かれ」。「自分に及ばない人間を」というのは、「自分より劣っている人間を」と訳すと、もう少しこなれた感じがしますね。

解答

(4) 酔ウテ臥ス二沙場ニ一君莫カレレ笑フコト。

（酔《よ》うて沙場《さじやう》に臥《ふ》す、君《きみ》、笑《わら》ふこと莫《な》かれ。）

【酔って砂漠にたおれても、君よ、笑ってくれるな。】

「葡萄《ぶどう》の美酒《びしゅ》、夜光《やこう》の杯《はい》」というきれいな句で始まる、王翰《おうかん》の「涼州詞《りょうしゅうし》」という七言絶句の転句（第三句）ですが、習ったことありませんか？　「君よ、笑ってくれるな」と語りかけてるんです。**柔らかい禁止形**ね。「君」は特定の人物ではありません。遠い砂漠地帯の戦場に赴《おもむ》いた兵士の、やるせない気持ちをうたった詩です。

傍線部は、「君《きみ》、笑《わら》ふ莫《な》かれ」でもけっこうです。

三羽の〇〇特別講義

起承転結

漢詩の絶句《ぜっく》（四句でできている詩）の四句の構成のしかたを「起承転結《きしょうてんけつ》」といいます。

起句（第一句）…うたい**起**こす
承句（第二句）…起句を**承**《う》ける
転句（第三句）…内容を一**転**させる
結句（第四句）…全体を**結**ぶ

解答

(5) 非ザレバ二此ノ母ニ一不レ能ハレ生ムニ此ノ子ヲ一。

（此《こ》の母《はは》に非《あら》ざれば、此《こ》の子《こ》を生《う》む能《あた》はず。）

【この母親でなければ、この子を生むことはできない。】

「不能」は「能《あた》はず」ですが、「能はず」へ返るには連体形でした。「生む」は四段活用ですから、「生《う》む能《あた》はず」。上に「此の母」とありますから、「此子」は「此の子」でしょう。送りがなは「ヲ」。「生《う》むこと能《あた》はず」でもよし。

解答

(6) 材木不レ可カラ二勝ゲテ用フ一。

（材木《ざいもく》勝《あ》げて用《もち》ふべからず。）

【材木は使いきれないほど多い。】

「勝《あ》げて……べからず」の形だな、とすぐ気づかなければダメですよ。型にはまった公式は、すぐピンとくるかどうかが勝負。「用」はハ行上二段「用《もち》ふ」だったよね。はい、「勝《あ》げて用《もち》ふべからず」。「使いきれないほど多い」と訳します。

どうですか？　こうやっていろんな文を読んでいくと、句法も頭に入りやすいでしょう。これを繰り返していくと、だんだん読めるようになっていくんですね。

次回は二重否定をやります。

第5講

二重否定

二重否定は、前回の否定の基本形を、順に訳していけば大丈夫。「無不…」の形が圧倒的に大事！

はい、こんにちは。今日は二重否定ですね。二重否定なんていうと、特別な形で、いかにも難しそうに聞こえますけど、前回やった否定の基本形「不」「無」「非」がわかっていれば大丈夫。組み合わせた順番に訳していけば、いいわけです。

二重否定には、まず**基本形が四つ**あります。

二重否定 1

無シレ不ル（ハ）ニ……セ一　……セざル（ハ）なシ（……しないものはない）

無シレ不ルレ知ラレ愛スルヲニ其ノ親ヲ一。

【訓読】其《そ》の親《おや》を愛《あい》するを知《し》らざるなし。

【訳】自分の親を愛することを知らないものはない。

この形は、二重否定の中では圧倒的に大事ですよ。

まず、**「不」にいくためには未然形**ですね。サ変でいえば、「……せず」となります。しかし、「不」から**「無」にいくには連体形**が必要になってきます。したがって

二重否定の中では「無不…」の形が圧倒的に出題の頻度が高い！

「ざる」で、「……せざるなし」ですね。あるいは、「は」が入って「……せざるはなし」となることもあります。

二重否定は、否定形の基本的な訳し方を順番どおりに当てはめればいいわけですから、「不」「無」の順で訳すと「……しないものはない」となります。二重に否定するということは、結果的に**強い肯定文**になりますから、強く肯定する訳し方をしてもいいんですが、まずは直訳型で覚えておくほうがいいでしょう。

例文の意味は「自分の親を大事にすることを知らないものはない」ですが、強い肯定にして「誰だって自分の親を大事にすることは知っている」と訳してもよし。

二重否定 2

無シレ非ザル(ハ)ニ……ニ一

……ニあらザル(ハ)なシ（……でないものはない）

天下無シレ非ザルハ二王土ニ一。

【訓読】天下王土《てんかわうど》に非《あら》ざるはなし。

【訳】天下に、王の土地でないものはない。

「非《あら》ず」にひっくり返るには、「……にあらず」の「に」がポイントでしたね。断定の助動詞「に」は、名詞や連体形に接続するんでした。では、「非ず」から「無し」に返るには、どうなりますか？ **「無し」へいくには連体形**ですから「……に非ざるなし」、または「は」が入って「……に非ざるはなし」と読むわけです。「は」を入れるかどうかは、ゴロ（読むときの調子の良さ）の問題ですから、別にどっちでもかまいません。

そうすると、例文は「天下王土に非《あら》ざるはなし」。意味は、「天下に、王の土地でないものはない」、つまり「天下はすべて王の土地だ」ということです。

二重否定 3

非ズレ不ルニ二……セ一
……セざルニあらズ
（……しないのではない）

非ザルレ不ルニレ悪《にく》マレ寒ヲ也。


【訓読】寒《かん》を悪《にく》まざるに非《あら》ざるなり。

【訳】寒さを嫌わないわけではない。


これも「不」に返るのは未然形。「不」から「非ず」には、「連体形＋に」で「ざる・に・非ず」となるわけです。「……せざるにあらず」ですね。

例文は、「寒《かん》を悪《にく》まざるに非《あら》ざるなり」。「悪」は「にくム」という動詞の読み方もあるんでしたね。意味は「寒さを嫌わないわけではない」ということです。

この一文は、『韓非子《かんぴし》』という書物の「典衣典冠《てんいてんかん》」、つまり「冠《かんむり》係と着物係」という有名な文章に出てくるものです。王様の冠係と着物係の話ですね。

二重否定 4

非ズレ無キニ……一

（……なキニあらズ）
（……がないのではない）

君子非ズレ無キレ過チ。

【訓読】君子《くんし》、過《あやま》ち無《な》きに非《あら》ず。

【訳】君子にも過ちがないわけではない。

あるとき、韓《かん》の昭侯《しょうこう》という王様が酒に酔ってうたた寝をしていた。それを見た冠係が「これはいかん、お風邪を召されては大変だ」と思って、そばにあった着物を掛けた。目覚めた王様は「おっ、誰が着物を掛けてくれた？」と喜びました。まわりにいた家来が「冠係が着物を掛けておりました」といったら、「何？　冠係と着物係をすぐ呼べ！」といって二人を処罰しました。なぜ、処罰したんでしょうね。

もちろん、冠係は善意で行ったのですが、韓非子の法治主義では、決められたことに違反すると、どんな例外も情状も認めず、すべて決められたとおり罰するわけです。その行為が善意からか、悪意からかということは、関係ないんですね。

つまり、冠係の行為は、着物係の職域を侵したわけです。だから王様は寒くて風邪をひくことを嫌っていないわけではないけれども、風邪をひくことよりも他人の職域を侵す害のほうを問題にしているわけです。

まず、「無し」へは名詞か連体形から返る。そして、「非ず」にひっくり返るには、「連体形十に」の形をとるんでした。したがって、読みは「……なきにあらず」となり、「……がないのではない」、あるいは「……がないわけではない」と訳します。「君子、過《あやま》ち無《な》きに非《あら》ず」。これは、「君子にも過ちがないわけではない」という意味で、肯定にすれば「君子にだって必ず過ちはある」となります。

さて、二重否定の基本形を四つやりました。「無」が上にあって、下に「不・非」がある形、「非」が上にあって、下に「不・無」がある形でしたが、「不」が上にあって、下に「無・非」がくる組み合わせはありません。

では、四つの基本形以外の二重否定を見てみましょう。型にはまった読み方などもあって、これらはかなり重要です。

5 二重否定

不㆔敢ヘテ不ンバアラ㆓……セ㆒

あヘテ……セずンバアラず
(……しないわけにはいかない)

不㆓敢ヘテ不ンバアラ㆑行カ。

【訓読】敢《あ》へて行《ゆ》かずんばあらず。

【訳】行かないわけにはいかない。

基本以外の、型にはまった四つの形が意外によく出る！

この形は「不」からもう一つ「不」へ返る二重否定です。「不」から「不」へ返る読み方が「ずんばあらず」となるんですが、これは特徴ありますね。こういうのは考えてわかるものじゃありませんね。こういう、型にはまった覚えてなきゃだめというのが大事なんでした。訳し方も「……しないわけにはいかない」となって、これも大事そうですね。

例文は、「敢《あ》へて行かずんばあらず」。意味は「行かないわけにはいかない」。この例文で覚えておきましょう。

二重否定 6

未ダ三嘗テ不ンバアラ二……セ一

いまダかつテ……せずンバアラず
（今までに……しなかったことはない）

未ダ二嘗テ不ンバアラレ勝タ。

【訓読】未《いま》だ嘗《かつ》て勝《か》たずんばあらず。

【訳】今まで一度も勝たなかったことはない。

これも「不」から再読文字の二度目の「ず」に、つまり「ず」から「ず」へ返る形で、やはり「ずんばあらず」になります。「いまダかつテ……せずンバアラず」ね。

この形は読んだ感覚どおりに訳せばいいわけで、「敢へて……せずんばあらず」の

古典文法確認

ずんばあらず

「ずんば」は打消の助動詞「ず」の連用形に係助詞「は」がついた仮定表現の「ずは」が、間に撥音「ん」を入れたために「は」が濁音化して「ずんば」となったものです。

ですから、「…しなかったとしたらいられない」という意味になるわけで、そこから「…しないわけにはいかない」という訳が生じるわけです。

ように特殊な訳し方をするわけじゃありません。「まだ一度も……しなかったことはない」となります。

「未《いま》だ嘗《かつ》て勝《か》たずんばあらず」で、「今まで一度も勝たなかったことはない」、つまり「今まで一度も負けたことはない＝今まではすべて勝ってきた」ということです。

●●●7 二重否定

不レ可カラレ不ルニ……セ一
……セざルベカラず
（……しなければならない）

父母之年ハ不ルレ可カラレ不ルレ知ラ也。

【訓読】父母《ふぼ》の年《とし》は知《し》らざるべからざるなり。
【訳】両親の年齢は、知っていなければならない。

これは「不」から直接「不」へ返るのではなくて、**最初の「不」で一度打ち消し、そして禁止の「べからず」で二重否定**という形です。「ず」はラ変型活用語なので、連体形から「べからず」へいって、「……ざるべからず」となります。

「父母の年は知らざるべからざるなり」と読みますが、「ざる・べから・ざる・なり」と、いずれも助動詞ですから、「知ら」のあとは全部ひらがなになります。直訳は、「両親の年齢は知らないことがあってはならない」つまり、「必ず知っていなければならない」と強調しているわけです。「おやじとおふくろはいくつだっけ…」といつも気にして親孝行を忘れるな、ってことですね。

●●●8 二重否定

無《シ》二A《トシテ》不《ルハ》レB《セ》

AトシテBセざルハなシ
（どんなAでもBしないものはない）

無《シ》二木《トシテ》不《ルハ》レ枯《レ》。

【訓読】木《き》として枯《か》れざるは無《な》し。

【訳】どんな木でも、枯れないものはない。

この形は1の「無不……」の変型といえるものです。「無」と「不」の間に名詞が入るパターンで、ポイントはその名詞に「トシテ」という送りがながつくこと。これも覚えていないとわかりませんよね。

「AトシテBセざルハなシ」で、「どんなAでもBしないものはない」と訳します。

ということは、「Aであれば絶対Bする」わけですね。

「木として枯《か》れざるは無《な》し」。直訳すれば、「木で、枯れないものはない」となり、つまり、「どんな木でも必ず枯れる」ということです。

この形に似ているものとして、「無《シ》二A《トシテ》無《キハ》レB」（AトシテBなキハなシ）があります。「AであってBがないものはない」、「どんなAでもBのないものはない」のように訳します。

練習問題をやってみよう

練習問題　5min

次の各文の傍線部を書き下し文にして、口語訳せよ。

(1) 不ルㇾ為《な》サ也。非ㇾ不ㇾ能也。

（　　　　）

【　　　　】

(2) 人有ラバ二明珠一無ㇾ不二貴重一。

（　　　　）

【　　　　】

(3) 土佐ハ無二物不㆑有。

（　　　　）

【　　　　】

(4) 有レバㇾ所ㇾ不ルㇾ足ラ不二敢不㆑勉。

（　　　　）

【　　　　】

(5) 為《な》スㇾ学ヲ者ハ必ズ不ㇾ可ㇾ不ㇾ知ㇾ道。

（　　　　）

【　　　　】

解答

(1) 不ルレ為《な》サ也。非ザルレ不ルニレ能ハ也。

（能《あた》はざるに非《あら》ざるなり。）

【できないのではない。】

「為《な》さざるなり」はいいでしょうか。「やらないのだ」です。そして、二重否定の形「非不」がありますね。まず、「不能」は「能《あた》はず」ですが、「非《あら》ず」にひっくり返るには「連体形＋に」だから「能《あた》はざるに」。最後に断定の「なり」がありますから、「非ず」は連体形にして「非ざるなり」になります。

解答

(2) 人有ラバ二明珠一無シレ不ル二貴重セ一。

（貴重《きちょう》せざる無《な》し。）

【大切にしない者はない。】

まず、「人《ひと》、明珠《めいしゅ》有《あ》らば」。この「明珠」は美しい珠《たま》、つまり「宝玉」のことです。次に、「無不」の形がありますね。「……ざる（は）なし」ですが、「貴重」の二文字は熟語ですね。**二文字の熟語は音読みのままサ変動詞で読む**しかありませんから、未然形にして「貴重《きちょう》せざる無し」となります。「ざる**は**無し」でもよし。

意味は、「人は宝玉を持っていれば、大切にしない者はいない」、つまり、「誰だって大切にする」ということです。

解答

(3) 土佐ハ無シ㆑物トシテ不ル㆑有ラ。

(物《もの》として有《あ》らざるは無《な》し。)

【物で、ないものはない。】

この形は「無不……」の変型で、読み方にちょっと特徴があるんでしたね。「物」に「として」がついて、「物として」。「有」は未然形の「あら」にして「不」に返り、「無し」へは連体形「ざる」で返るので、「有らざるは無し」となるわけです。

直訳すると「土佐《とさ》の国には、物で、ないものはない」、つまり「土佐の国にはなんでもある」と言う意味です。土佐ってどこ？ 高知県ですね。

解答

(4) 有㆑バ所㆑不ル㆑足ラ不一敢ヘテ不ンバアラ㆑勉メ。

(敢《あ》へて勉《つと》めずんばあらず。)

【勉め励まないわけにはいかない。】

「敢《あ》へて……せずんばあらず」の形ですね。ピンとこなきゃだめですよ。一番下の「勉」は、「つとム」と読みます。下二段です。訓読みがわからない場合は、音読みしてサ変にすることもできますが、この場合は「べんず」は変だよね。

「足りないところがあるならば、勉め励まないわけにはいかない」、つまり自分に足りないところがあったら、当然その不足を補うべく勉強しなきゃいけないと強調

しているわけです。

解答

(5) 為《なス》レ学《ヲ》者《ハ》必《ズ》不レ可《カラ》レ不《ル》レ知《ラ》レ道《ヲ》。

(道《みち》を知《し》らざるべからず。)

【人の道を知らなければならない。】

「道」の送りがなは「ヲニトあったら返る」んですから、「を」なのか、「に」「と」なのかをよく考えてください。

直訳すると「学問をする人は、必ず人の道を知らないということがあってはいけない」、つまり人間としての道を知っていなければならないということです。

もう一題、今度は短文ではなく、お話になっている練習問題をやりましょう。よく知られている「矛盾《むじゅん》」という故事です。

練習問題 8min

次の文中の傍線部をすべてひらがなにして書き下し、口語訳せよ。

楚《そ》人《ひとニ》有《リ》下鬻《ひさグ》二楯《たてト》与《ヲ》レ矛《ほこ》者上。誉《ほメテ》レ之《ヲ》曰《ハク》「吾《ガ》楯之《の》堅《かたキコト》(1)莫二能陥一也《ト》」又誉《メテ》二其《ノ》矛《ヲ》一曰《ハク》「吾《ガ》矛之利《とキコト》於《イテ》レ物《ニ》(2)無レ不レ陥也《ト》」或《ルヒト》曰《ハク》「以《もつテ》二子之矛《ヲ》一陥《サバ》二子之楯《ヲ》一何如《いかんト》」其《ノ》人(3)弗レ能レ応也。

(鬻＝売る。於物＝どんな物でも。陥＝突き通す。「陥《とほ》ス」と読む)

三羽の◉◉特別講義

矛盾《むじゅん》

上の文を書き下し文にして、全文を確認しておこう。

楚人《そひと》に楯《たて》と矛《ほこ》とを鬻《ひさ》ぐ者有《ものあ》り。之《これ》を誉《ほ》めて曰《い》はく「吾《わ》が楯《たて》の堅《かた》きこと、能《よ》く陥《とほ》す莫《な》きなり」と。又其《またそ》の矛《ほこ》を誉《ほ》めて曰《い》はく「吾《わ》が矛《ほこ》の利《と》きこと、物《もの》に於《お》いて陥《とほ》さざる無《な》きなり」と。或《あ》るひと曰《い》はく「子《し》の矛《ほこ》を以《もつ》て子《し》の楯《たて》を陥《とほ》さば何如《いかん》」と。其《そ》の人応《ひとこた》ふる能《あた》はざるなり。

解答

(1) 莫キ二能ク陥ス一也。

（よくとほすなきなり）

【突きとおすことのできるものはない】

さて、「莫二能陥一也」ですが、「莫能……」の形は、「よく……する（もの）なし」でしたね。第4講でやりました。「……できるものはない」。

注の中で「陥《とほ》ス」の読み方が与えられているから、「とほす」とすべてひらがなで書きます。「陥す」は四段活用だから、連体形「とほす」で「なし」に返る。しかし、最後に断定の「なり」があるので、「なし」は連体形にして「なきなり」です。「よくとほすものなきなり」と「もの」を入れてもよし。

解答

(2) 無キレ不ルレ陥サ也。

（とほさざるなきなり）

【突きとおさないものはない】

(2)の場合は、「無不……」で二重否定。「……せざるなし」の形ですね。「陥す」は四段活用で、未然形になりますから、「とほさざるなし」。しかし、これにも最後に「也」がありますから、「とほさざるなきなり」となります。

否定形を順番に訳して、「とおさないものはない」となります。

解答

(3) 弗ルレ能ハレ応フル也。

（こたふるあたはざるなり）

【こたえることができなかった】

「弗」は「不」と同じですから、**「弗能」は「あたはず」**です。そして「応」は「こたフ」と読みます。「応《こた》フ」はハ行下二段活用ですので、「能はず」へいくには連体形にして「こたふる」。「へ・へ・ふ・ふる・ふれ・へよ」の「ふる」ね。「あたはず」は、やはり「也」に続きますから、「こたふるあたはざるなり」となるわけです。

傍線部(1)(2)には、「　」をとじる「」」がありますから、気になる人は最後に「と」を入れておいてください。（　）に入れて（と）でもけっこう。書かなかったら減点というほどのものではありません。

楚《そ》の国で楯《たて》と矛《ほこ》を売っている者がいた。その楯は突きとおすものがないほど頑丈であるといい、いっぽう矛はどんな楯も突きとおさないものはないくらい鋭いといっているわけです。ここまでの話で、すでに矛盾してますね。そこで「それじゃ、その矛でその楯を突いたら、いったいどうなるんですか」と質問した人がいた。売り主は、その質問に答えられなくなったというお話です。

ここから「**矛盾**《むじゅん》」という言葉が生まれたわけです。話のつじつまが合わないときに「それは矛盾してるぞ！」のように使いますよね。

同訓異字

こたフ（**下二段**）

答＝質問に答える

応＝呼びかけに応ずる

対＝目上の人にお答えする

この話の出典は『韓非子《かんびし》』ですが、実は韓非子は、このたとえ話で儒家《じゅか》を非難しているんです。儒家の連中は自分たちの「徳治主義《とくち》」政治の理想像として、何かというと太古の「堯《ぎょう》」や「舜《しゅん》」といった実在もしない人物を「聖天子」といって持ち出すわけです。「堯」の次の天子が「舜」なんですが、堯が非のうちどころのない聖天子だったのなら、舜が徳を施《ほどこ》して人民を善に導く余地はなかったはずだろうし、舜がその人徳で人々の争いをしずめたりしたというなら、堯の時代には天下はよく治まってはいなかったことになる。堯も舜も聖天子だというういい方には「矛盾」がある、というわけです。

本当はそこまで読まれないと韓非子としては不本意でしょうが、教科書にはさっきの問題文のところしかのってませんね。ただの笑い話じゃないんですよ。

では、今日は終わりにしましょう。

重要語

堯・舜と桀・紂

太古に理想的な立派な政治を行ったといわれる「**堯**」と「**舜**」は、聖天子の代名詞として「堯舜」と熟語のようにも使います。

一方、夏王朝を滅ぼした最後の王の「**桀王**」と、殷王朝の最後の王の「**紂王**」も、暴君の代名詞として「桀紂のごとき…」のように使います。堯舜↕桀紂

第6講 部分否定と全部否定

今日の目標

部分否定と全部否定は、副詞の位置で見分けます。大事なのはとにかく「復」を使った部分否定！

はい、今日は部分否定と全部否定。ここは、否定形の中でもしっかりとわかっておきたい大事なところです。部分否定と全部否定というように並べたいい方をするんですが、大事なのは部分否定。全部否定が直接質問されることは、ほとんどありません。

部分否定 全部否定 1

部分否定と全部否定は、副詞と否定語の位置で判断します。

不二常ニハ……一セ
つねニハ……セず
（いつも……とは限らない）

常ニ不二……一セ
つねニ……セず
（いつも……ない）

右の形は、日本語では副詞に当たる「常」を「常には」と読んでから、ひっくり返ってきて「ず」ですね。つまり、「常には……ず」のかっこうになります。こちらが部分否定で、「いつも……とは限らない」という感じで訳します。

左は、「常」のほうが「不」より上にあります。これは「常に……ず」というよう

に読みます。こちらは**全部否定**で、「**いつも……ない**」になります。

「常」という字は、日本語でいえば副詞に当たるわけですが、**打消の「不《ず》」が副詞より上にあれば部分否定、副詞より下にあれば全部否定**。大事なのはこの語順なんです。もっとも、実際には全部否定が問題文にあることはないですから、**問題文の傍線部は部分否定**と思ってよし。

例文を読んでみましょう。

部分否定

千里ノ馬ハ常ニ有レドモ而伯楽ハ不二常ニハ有一ラ。

【訓読】千里《せんり》の馬《うま》は常《つね》に有《あ》れども、伯楽《はくらく》は常《つね》には有《あ》らず。

【訳】千里の馬はいつもいるが、伯楽はいつもいるとは限らない。

「千里《せんり》の馬は常《つね》に有れども」までは、部分否定か全部否定かには関係ありません。

「而」は、置き字なので読みません。逆接の役目をしています。覚えていますか？「有れども」の「ども」に当たるんですね。

このあとを、「伯楽《はくらく》は常《つね》には有らず」と読む。

「**千里《せんり》の馬《うま》**」は一日に千里もの距離を走るような駿馬《しゅんめ》。「**伯楽《はくらく》**」は馬のよしあしを見る鑑定の名人のことです。今でも、たとえば横綱・大関になるような力士を何人も育て上げた親方なんかを「名伯楽」といったりしますね。

重要語

千里馬
一日に千里も走る名馬。駿馬。「有能な人材」をたとえて比喩的に用いることが多い。

さて、意味は「一日に千里も走るような名馬は、いつの時代もいるが」。この次が部分否定ですよ。「伯楽はいつもいるとは限らない」。つまり、いくら素質はすごい馬でも、伯楽に出会わなければ才能は見出されない。しかし、そういう名伯楽は常にいるとは限らない。いることもあるが、いないこともある、と部分的に否定しているわけです。

この文はよく教科書にある、**韓愈**《かんゆ》の「雑説《ざっせつ》」という有名な文章の一節ですが、もちろん馬の話をしてるんじゃないんですね。「千里の馬」は有能な人材・人物、「伯楽」はそれを見出す目を持った立派な君主、明君をたとえているわけです。

有能な人物はいつの世にも必ずいる。しかし、そういう人物を見抜く目を持った明君はなかなかいない、ということをいいたいんですね。

では、全部否定の形の例文。

全部否定

伯楽ハ常ニ不レ有ラ。

【訓読】 伯楽《はくらく》は常《つね》に有《あ》らず。

【訳】 伯楽はいつもいない。

「伯楽《はくらく》は常《つね》に有らず」。「伯楽なんていつの世にもいない」と全面的に否定しています。それじゃ「千里の馬」はうかばれませんよね。違いはわかりますね。

部分否定 全部否定 2

不二復タ……セ一
まタ……セず（二度と再び……しない）

復タ不二……セ一
まタ……セず（今度もまた……しない）

部分否定・全部否定の問題で、最もよく出るのが、この形です。

さきほどの「常には」と「常に」では、部分否定の場合と全部否定の場合で副詞の読み方が違うんですが、この「復《ま》た」は同じなんです。だから書き下し文にすると同じ文になってしまいます。こうなると、もとの文の語順がポイントですね。上に「不」があるのが部分否定！

例文を見てみましょう。

部分否定

兎不レ可カラ二復タ得一。

【訓読】兎《うさぎ》復《ま》た得《う》べからず。

【訳】兎は二度と再びつかまえることができなかった。

「兎復《ま》た得《う》べからず」ですが、「不」が「復」の上にありますから部分否定。

これは「株《くいぜ》を守《まも》る」という有名な故事に出てくる文で、原文はもちろんこの部分否定のほうです。

昔、宋《そう》の国のお百姓さんが畑をたがやしてると、兎が走ってきて、木の切り株に頭ぶつけて失神《しっしん》した。そんなまぬけな兎いますかね（？）そこでそのお百姓さんは、こりゃいいや、こんなので兎がつかまえられるんなら畑仕事なんかバカバカしくって、と農具を放り出して、それからはずっと毎日草むらにかくれて木の切り株を見つめていたんですね。しかし、ハイ「兎は二度と再びつかまえることはできなかった」。国中の笑い者になった、というお話です。

一度は手に入れたけれど、という前提があるわけですよね、部分否定ですから。

出典は「矛盾《むじゅん》」と同じ『韓非子《かんぴし》』で、この話でも、韓非子は儒家《じゅか》の人々のいう堯《ぎょう》舜《しゅん》の時代錯誤を笑っているわけです。この戦国の世に「徳治《とくち》政治」なんて、なにを寝言《ねごと》いってるんだ、とね。

さて、それでは語順が違うとどうなるでしょう。

全部否定

兎復タ不レ可カラレ得。

【訓読】兎《うさぎ》復《ま》た得《う》べからず。

【訳】兎は今度もまたつかまえることができなかった。

【故事成語】

株を守る

旧習にとらわれて融通がきかないこと。「株《かぶ》を守る」「守株《しゅしゅ》」ともいう。

読み方は同じく「兎復た得《ま》べ《う》からず」ですが、今度は、「復」のほうが「不」の上にあるので、全部否定。

「今度もまたつかまえることができなかった」。つまり、この前もつかまえられなかったし、今度もまたダメだった、ということになります。

同じように部分否定と全部否定をつくる副詞は「常」や「復」以外にもたくさんあります。

倶《ともニハ》・必《ズシモ》・甚《はなはダシクハ》・尽《ことごとクハ》・重《ネテハ》・全《まったクハ》・再《ビハ》・久《シクハ》・多《クハ》……部分否定

倶《ともニ》・必《ズ》・甚《ダ》・尽《ク》・重《ネテ》・全《ク》・再《ビ》・久《シク》・多《ク》……全部否定

副詞の意味によって訳し方を考えることになりますから、主なものをあげておきましょう。

不㆓倶《ともニハ》……㆒　ともに……とは限らない

倶《ニ》不㆓……㆒　どちらも……ない

不㆓必《ズシモ》……㆒　必ずしも……とは限らない

必《ズ》不㆓……㆒　きっと（絶対に）……ない

不㆓甚《はなはダシクハ》……㆒　それほど……ではない

甚《ダ》不㆓……㆒　ひどく……ない

不㆓尽《ことごとクハ》……㆒　すべてが……というわけではない

尽《ク》不㆓……㆒　すべて……ない

練習問題をやってみよう

練習問題をやってみましょう。並べてある二つの文章は、どちらが部分否定でどちらが全部否定かというものです。

練習問題 5min

次の各文を、ⓐ・ⓑの違いがわかるように訓読し、口語訳せよ。

(1)

ⓐ 両虎闘《ハバ》不二倶生一。

（　　　　　　　　　　）【　　　　　　　　　　】

ⓑ 両虎闘《ハバ》倶不レ生。

（　　　　　　　　　　）【　　　　　　　　　　】

(2)

ⓐ 勇者《ハ》不二必有一レ仁。

（　　　　　　　　　　）【　　　　　　　　　　】

ⓑ 勇者《ハ》必不レ有レ仁。

（　　　　　　　　　　）【　　　　　　　　　　】

「不」の位置を見て、部分否定か全部否定か瞬時に判断できるように。

解答

(1) ⓐ 両虎闘ハバ不二倶ニハ生キ一。
(両虎《りやうこ》闘《たたか》はば、倶《とも》には生《い》きず。)
【二匹の虎が闘えば、両方ともは生きられない。】

ⓑ 両虎闘ハバ倶ニ不レ生キ。
(両虎《りやうこ》闘《たたか》はば、倶《とも》に生《い》きず。)
【二匹の虎が闘えば、両方とも死ぬ。】

ⓐは「不《ず》」が「倶」の上にあるから部分否定で、ⓑは「倶」が上にあるから全部否定。ⓐは「倶《とも》には生《い》きず」、ⓑは「は」をつけず「倶《とも》に生《い》きず」となります。

「両」は「二」のこと。ⓐは「二匹の虎が闘えば、両方ともに生きているわけにはいかない」。つまり、どっちかは死ぬということ。ⓑは「両方とも死ぬ」。

これも、**「刎頸《ふんけい》の交《まじわ》り」**という有名なお話の一節です。戦国時代の趙《ちょう》の国にいた**藺《りん》相如《しょうじょ》**と**廉頗《れんぱ》**の友情の話で、あいつのためなら自分の頸《くび》をはねられても惜しくないと思えるほどの深い友情を「刎頸《ふんけい》の交り」とか「刎頸《ふんけい》の友」というんです。

「両虎」つまり「二匹の虎」は、藺相如と廉頗をたとえています。戦国の世は食うか食われるかの大変な時代でした。趙にとっても秦《しん》という敵対する強国がある。しかし、その秦がうかつに趙を攻めてこないのは藺相如と廉頗という二人の人材がいるからなんです。どちらかが欠けてもダメなんですね。ですから、つまらないことで反目している場合じゃない、と。ここで二人が争ったら、どちらかが失脚するまで争わざるをえなくなる。そういう事態は避けようということなんですね。

【故事成語】

刎頸之交

自分の命を投げだしても後悔しないほどの深い友情、生死をともにする親しい友情をいいます。漢文には、前にあった「**水魚の交り**」や「**管鮑《かんぽう》の交り**」など、友情にまつわる成語がたくさんあります。

解答

(2)

ⓐ 勇者ハ不二必ズシモ有ラ一レ仁。

（勇者《ゆうしゃ》は必《かなら》ずしも仁有《じんあ》らず。）

【勇者は、必ずしも思いやりの心があるとは限らない。】

ⓑ 勇者ハ必ズ不レ有ラレ仁。

（勇者《ゆうしゃ》は必《かなら》ず仁有《じんあ》らず。）

【勇者は必ず、思いやりの心がない。】

ⓐとⓑをパッと見わたすと、**ⓐは「不」が「必」の上にあるから、部分否定**です。一方、ⓑは「不」が「必」の下にあるから全部否定。もう、すぐわかるよね。

では、書き下し文に直してみます。「勇者は」は、いいですね。ⓐの「必」は部分否定ですから、「必ずしも」となりますね。あとはラ変の「有り」を未然形にして「必《かなら》ずしも仁有《じんあ》らず」。

ⓑは、同じく「勇者は」ときて、全部否定なので「必ず」と読み、後はレ点レ点で「仁有らず」。「勇者は必《かなら》ず仁有《じんあ》らず」となります。

ⓐの意味は、「必ずしも思いやりの心があるとは限らない」ですね。勇者の中には思いやりのある人もいるし、思いやりのない人もいる。いっぽうⓑは、「必ず思いやりの心がない」。そりゃ、ちょっといいすぎですよね。だから、こういう全部否定の表現というのは実際にはないわけです。

もう一問、有名な「**蛍雪《けいせつ》の功《こう》**」のお話で練習しましょう。

練習問題　5min

次の傍線部をすべてひらがなにして書き下し、口語訳せよ。

孫《そん》康《かう》家貧ニシテ無シレ油。常ニ映ジテレ雪ニ読ムレ書ヲ。後至ル二御《ぎょ》史《し》大《たい》夫《ふ》ニ一。車《しゃ》胤《いん》博覧多通ナリ。家貧ニシテ不常得油。夏月ニハ則チ練《れん》囊《なう》ニ盛リ二数十ノ蛍火ヲ一以テ照ラスレ書ヲ。以テレ夜ヲ継グレ日ニ焉。遂ニ顕《あら》ハル二於朝廷ニ一。（孫康・車胤＝人名。御史大夫＝官名。博覧多通＝書物に広く通じていること。練囊《れんのう》＝ねり絹の袋）

解答

不常ニハ得レ油ヲ。

（つねにはあぶらをえず。）

【いつも油を手に入れられるとは限らなかった。】

傍線部の「不常得油」は「不」が「常」の上にあるので、部分否定ですね。だいたい、全部否定の問題が単独で出ることはないです。本文中の傍線部は部分否定。

「ず」は活用語からひっくり返るので、「常」の下の二文字、「得油」のどちらかが活用語です。どちらでしょうか？　当然「得」のほうですね。「油」は活用しません。名詞です。ということは、「不ニ常得レ油」となります。

「得」の活用は、「え・え・う・うる・うれ・えよ」で下二段です。打消の「ず」は用言の未然形に接続しますから、「常には得ず」。何を得られないかというと、「油」。

三羽の◎◎特別講義

蛍雪の功

例題の書き下し文を示しておきます。

孫康《そんかう》家貧《いへひん》にして油無《あぶらな》し。常《つね》に雪《ゆき》に映《えい》じて書《しよ》を読《よ》む。後《のち》、御史大夫《ぎよしたいふ》に至《いた》る。車胤博覧多通《しやいんはくらんたつう》なり。家貧《いへひん》にして、常《つね》には油《あぶら》を得《え》ず。夏月《かげつ》には則《すなは》ち練《れん》嚢《なう》に数十《すうじふ》の蛍火《けいくわ》を盛《も》り、以《もつ》て書《しよ》を照《て》らす。夜《よ》を以《もつ》て日《ひ》に継《つ》ぐ。遂《つひ》に朝廷《てうてい》に顕《あら》はる。

問題として問われるのは、部分否定だと思っておけばいいね。

だから、「常には油を得ず」となります。「得」は、「……を得」となるんでした。解答は、すべてひらがなにする必要があるので、「つねにはあぶらをえず」です。

部分否定ですから、「いつも油を手に入れることができるとは限らなかった」。たまには油を買うことができたが、いつも買えたわけではないということです。

孫康《そんこう》は、家が貧乏で油を買えなかったので、いつも雪明かりで書物を読んだ。後に彼は御史大夫にまで出世した。車胤《しゃいん》は広く書物に通じていた。やはり家が貧乏で、いつも油が買えるとは限らなかった。夏などは、ねり絹の袋に数十匹のホタルを入れ、書物を照らして勉強した。夜も昼も怠らなかった。後にとうとう朝廷でも名の知られた人物となった。そういうお話です。苦学をしてやがて出世をしたというパターンの代表的な話ですね。

「鶏口牛後《けいこうぎゅうご》」のエピソードで有名な戦国時代の蘇秦《そしん》なんかも、若いころ書物を読んでいて、眠くなってくると、錐《きり》を太ももに突き立ててその痛みで眠けをはらってまで読書したそうです。孫敬《そんけい》って人なんかは、縄を首に巻いて、それを天井の梁《はり》にかけといて、ウトウトすると首がしまって目がさめるようにしといたそうです。何もそこまでと思いますけど、人並みのことしてちゃ大物にはなれないかもね。危いからまねしないでくださいよ（笑）。

はい、部分否定と全部否定。しっかり復習してください。次回は疑問形やります。

三羽の特別講義

蛍の光　窓の雪

この「蛍雪の功」のお話をもとにして、卒業式なんかでよく歌われる「蛍の光」がつくられています。メロディーはスコットランド民謡なんですよ。

蛍の光　窓の雪
書《ふみ》よむ月日　かさねつつ
いつしか年も　すぎのとを
あけてぞ今朝は　別れゆく

ところで、この歌はもともと四番まで歌詞があって、ちょっと卒業式のイメージとは違うんです。三番なんか、こんな感じです。

筑紫《つくし》のきわみ　みちの奥
海山遠く　へだつとも
そのまごころは　へだてなく
ひとつにつくせ　国のため

ま、忘れてください。

第7講 疑問形

文末の助字「乎」は、接続によって読みが決まります。たくさんある疑問詞は、意味の違いをつかんでいこう。

前回まで否定形をやってきましたが、復習してますか？
さて、今日は疑問形です。疑問形は、大きく二つに分けられます。「や・か」という文末の助字で疑問をあらわす形と、文頭に疑問詞を用いる形です。疑問詞はたくさんありますから、意味の違いを理解していきましょう。

まず、文頭に疑問詞を使わないで、文末に「や」と読んだり「か」と読んだりする字を使って疑問を表すものからいきます。

疑問形1

……乎 ……や・か（……か）

魯ノ孔丘与《か》。

【訓読】魯《ろ》の孔丘《こうきゅう》か。
【訳】魯の孔丘か。

このタイプは、「乎」以外に「也・哉・与・耶・邪・歟」などがあります。なんでこれを「や」と読むの？という字もあるので、しっかり覚えましょう。「歟」という字なんかは、「与」の旧字体「與」の右に「欠《あくび》」がついているんですよ。

文末の助字は、「や」と
読むか「か」と読むかが
ポイント。

問題は、「や」と読むか「か」と読むかですね。次のようになります。

体言・連体形＋「か」
終止形・終止した文＋「や」

終止した文というのは、疑問詞を用いた文のことです。

「孔丘」は、孔子の本名です。「孔子」は孔先生というような意味で、親のつけてくれた名前が「丘《きゅう》」。字《あざな》は「仲尼《ちゅうじ》」です。孔子くらいだと名や字も知っていたいよね。

「孔丘」は名前。ということは、名詞についているから「与」は「か」と読みますね。

もう一つ、連体形につく例文を見てみましょう。

疑問形

其レ真ニ無キレ馬邪《か》、不ルレ知ラレ馬ヲ也《か》。

【訓読】其《そ》れ真《しん》に馬無《うまな》きか、馬《うま》を知《し》らざるか。

【訳】本当に名馬はいないのか。それとも馬を知らないのか。

「其《そ》れ真《しん》に馬無《うまな》きか」。この「無き」は、「無し」の連体形ですから、これまた「邪」は「か」と読むわけです。で、同様に「馬を知らざるか」。この「ざる」は、打消の助動詞「ず」の連体形「ざる」だから、やはり「也」も「か」ですよ。いいですね。

前に部分否定のところでお話した韓愈《かんゆ》の「雑説《ざっせつ》」の一文です。

では、「や」と読む場合の例文を見てみましょう。

重要語

字

「字《あざな》」は、元服したときに本名の他につける呼び名。相手に敬意をあらわす呼び方で、自分や目下の者を呼ぶときには「名」をいいます。

字《あざな》まで覚えておきたいのは、孔子の「仲尼」と唐の詩人白居易《はくきょい》の「楽天《らくてん》」の二人だけ。

疑問形

若《なんぢ》ハ非ズ二吾ガ故人ニ一乎《や》。

【訓読】若《なんぢ》は、吾《わ》が故人《こじん》に非《あら》ずや。
【訳】おまえは、私の昔なじみではないか。

「若《なんぢ》は吾《わ》が故人《こじん》に非《あら》ずや」。もしこの「非ず」が連体形「非ざる」なら、「非ざるか」と読みます。ここでは、終止形「非ず」と読んでいるから「非ずや」。

「**若**《なんぢ》」は、「おまえ」です。「汝・女・而・爾」なんかと同じ。次の「**故人**」は大事ですよ。漢文の最重要単語のひとつで、「旧友」とか「昔なじみ」という意味です。**項羽**《こうう》が長江のほとりの烏江亭《うこうてい》で最期をむかえるとき、とり囲んだ敵の一団の中に呂馬童《りょばどう》という、かつての自分の部下を見つけたときにいった言葉です。

さて、「**連体形＋か**」と「**終止形＋や**」のどちらで読むかですが、要はゴロの問題なんです。四段活用などは、終止形も連体形も同じ形ですから、どちらでも読めるわけです。そういうときは、あくまで調子のいいほうをとる。どっちでもいいなら、訳は「か」になりますから、「か」と読むほうが意味がとりやすいですね。ここはかなり緊迫した場面なので、「非ずや」のほうがいいようです。

さて、ここからは疑問詞がつくタイプです。**文頭に疑問詞があると、文末は連体**

重要語

故人
旧友。昔なじみ。日本語のように死んだ人のことではないので、注意。＝故旧。ちなみに「**古人**」は「昔の人」あるいは「昔の立派な人」の意なので、両方覚えておこう。

三羽の特別講義

項羽の最期
項羽は呂馬童《りょばどう》に、千金・一万戸の領地のかかった自分の首をくれてやると言って、自分で自分の首を刎《は》ねて自決します。しかし兵たちが「呂馬童クン、君に首をくれるって」なんてのんきなことを言うはずはなく、項羽の遺骸に殺到し、首は王翳《おうえい》がとり、呂馬童はバラバラにひきちぎられた腕だか足だかを持って行って諸侯に封じられたそうです。

形になります。古文でも「など」や「いかに」「いかが」のような疑問や反語の副詞があると、文末は連体形で結びますね。一種の**「係り結び」**なんです。

ところが、ここが大事なんですけど、連体形につくからといって、文末の「乎」なんかを「か」と読んじゃいけないんです。先ほど**「終止した文」**には**「や」**だっていいましたよね。この**「終止した文」**というのが、文頭に疑問詞がある場合なんです。連体形にはなるけど、文は結んでるのね。だから、**文頭に疑問詞がある場合の「乎」はすべて「や」**なんですね。

では、いろいろな疑問詞の形を見てみます。

疑問形2

何《ゾ》……（乎）

なんゾ……（や）（どうして……か）

何《ゾ》前《さきニハ》倨《おごリテ》而後《ニハ》恭《うやうやシキ》也。

【訓読】何《なん》ぞ前《さき》には倨《おご》りて、後《のち》には恭《うやうや》しきや。

【訳】どうして以前はおごっていたのに、後からはへりくだっているのか。

これは、一番ふつうの疑問形。**「何《なん》ぞ……連体形＋や」**。訳は「どうして……か」ですね。**「何」の他に、「胡・奚・曷・庸・何遽」**も使います。使い慣れない漢字ですが、これらもすべて「なんぞ」と読めるように。

文頭に疑問詞があったら、文末は「連体形＋や」の形。文末に「乎」を用いない形も多い。

例文は、疑問詞「何ぞ」があるから、文末は形容詞「恭《うやうや》し」の連体形「恭しき」です。「也」の読み方は「や」ね。「何ぞ……恭しきや」となります。

これは戦国時代の縦横家《じゅうおうか》蘇秦《そしん》の言葉です。うだつのあがらなかったころには馬鹿にして飯もつくってくれなかった妻や兄嫁が、六つの国の大臣を兼任するという大出世をして帰ると、たいそうなもてなし方をする。そのときにいったんです。兄嫁は、「それはあなたが出世をしてお金持ちになられたからです」って答えるんですが、ずいぶんはっきりしたヤツですよね（笑）。

3 疑問形

何為レゾ……（乎） なんすレゾ……（や）
（どうして……か）

何為レゾ不ルレ去ラ也。

【訓読】何為《なんす》れぞ去《さ》らざるや。
【訳】どうして去らないのか。

「何為《なんす》れぞ」は、「何ぞ」と同じです。まあ、「何為れぞ」のほうが多少、強いんですけどね。「何ぞ去らざるや」と同じですから、「どうして去らないのか」。

「何為」という疑問詞があるから「不」は連体形で「ざる」になるけど、最後の「也」は「や」。大丈夫ですね。

疑問形4

……ハ何ゾ也

……ハなんゾや
（……なのはどうしてか）

不ルハレ読マレ書ヲ何ゾ也。

【訓読】書《しょ》を読《よ》まざるは何《なん》ぞや。
【訳】書物を読まないのはどうしてだ。

この形は、「何ぞ……や」の「何ぞ」が「……」の下にきた**倒置法**で、意味は「……なのはどうしてか」。倒置した分、「何ぞ書を読まざるや＝どうして書物を読まないのか」よりもちょっと強いんですね。

この「……は何ぞや」は、非常によく出てきます。読みの点では**「……は何ぞや」の「は」がポイント**です。

疑問形5

何ヲ以テカ……

なにヲもつテカ……
（どうして……か・どうやって……か）

何ヲ以テカ殺スレ人ヲ。

【訓読】何《なに》を以《もつ》てか人《ひと》を殺《ころ》す。
【訳】どうして人を殺すのか。

この「何を以てか……」も、**「何ぞ」と同じ意味**です。

「何を以てか人を殺す」。「殺す」は四段活用の連体形ですよ。見かけ上は言い切りの形、つまり終止形と同じだけど、上に疑問詞があるから連体形ね。

同じような使い方で、**「何《ニ》由《リテカ》……」（なにニよリテカ……）**というのもあります。

これも意味は同じです。

疑問形6

安《クンゾ》……

いづクンゾ……（どうして……か）

彼悪《クンゾ》知《ル》レ之《ヲ》。


【訓読】彼悪《かれいづ》くんぞ之《これ》を知《し》る。

【訳】彼はどうしてこれを知っているのか。


「いづくんぞ」と読む字は、「安」の他に「寧・焉・悪・烏」の四つがあります。

いずれも大事ですから、しっかり覚えてください。

ただ、**「安くんぞ」は、質問されるとしたらほとんど反語**ですね。疑問の例もある、というくらいの感じですかね。**反語と疑問形は、見かけ上はほとんど同じ**です。文末に推量の「ん」を読んで、「安くんぞ……ん」のようになってると反語なんです。

例文で考えてみましょう。

「彼悪《かれいづ》くんぞ之《これ》を知《し》る」と読むと疑問文ですから、意味は「彼はどうしてこれを知っているのか」となります。これが「彼悪くんぞ之を知らん」と読むと、反語になります。「彼はどうしてこれを知っているだろうか、いや知っているはずがない」となるんですね。だから、こういうのは送りがながついていない場合困りますよね。前後の流れから考えて、どちらで読むかを決断することになります。

ここからあとは、疑問詞の読み方そのものの持っている意味で訳す形がいろいろあります。

7 疑問形

何ヲカ……

なにヲカ……（なにを……か）

於イテ二斯ノ三者ニ一何ヲカ先ニセン。

【訓読】斯《こ》の三者《さんしゃ》に於《お》いて、何《なに》をか先《さき》にせん。

【訳】この三つのうち、何を最初にしようか。

「何《なに》をか先《さき》にせん」で、「何を最初にしようか」です。この「ん」は、意志あるいは適当の助動詞「む」の連体形で、反語をつくる「ん」じゃないんです。

「三者」というのは、「軍備」と「食糧」と「信義の心」を指します。孔子は政治の要点として、この三つを挙げたんですが、弟子の子貢《しこう》が「どれかをやむなく捨てるとしたらどれを先にしますか」と聞いた、その言葉です。孔子は「軍備」、「食糧」

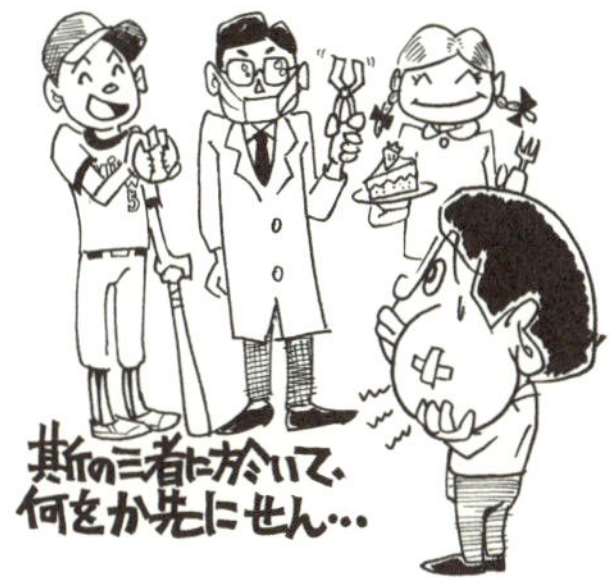

という順に捨てる。一番大事なのは「信義の心」だと答えています。

疑問形 8

安クニカ……　いづクニカ……（どこに……か）

沛公安クニカ在ル。

【訓読】沛公《はいこう》安《いづ》くにか在《あ》る。

【訳】沛公は、どこにいるのか。

「安」の他に「何・焉」も同じ使い方をします。疑問詞の持っている意味で解釈していくんですから、意味は「どこに……か」ですね。

例文は「沛公《はいこう》安《いづ》くにか在《あ》る」。この「在る」はラ変の連体形。口語訳も「沛公は、どこにいるのか」という質問をしている形になりますね。沛公は前にも出てきた、後の漢の高祖、劉邦《りゅうほう》のことです。

疑問形 9

誰カ（孰）……　たれカ……（だれが……か）

誰カ加フルレ衣ヲ者ゾ。

【訓読】誰《たれ》か衣《い》を加《くは》ふる者《もの》ぞ。

【訳】誰が衣服を掛けてくれたのか。

これも、いいですね。「だれが……か」というい方です。「たれ」は「だれ」にならないように。濁りません。「孰」という字も使います。前にお話した『韓非子』の「典衣典冠」の一節です。

10 疑問形

孰レカ……

いづレカ……（どちらが……か）

汝ト与ハレ回也孰レカ愈《まさ》レル。

【訓読】汝《なんぢ》と回《かい》とは、孰《いづ》れか愈《まさ》れる。

【訳】おまえと回とはどちらがまさっているのか。

「孰」は「たれカ」とも、「いづレカ」とも読めます。この二つは、意味が「だれが……か」と「どちらが……か」というように全く違いますから、よく考えれば大丈夫だよね。また、送りがなはそれぞれ「孰《たれ》カ」「孰《いづ》レカ」となるのが原則です。

「汝《なんぢ》と回《かい》とは、孰《いづ》れか愈《まさ》れる」は、「おまえと回とはどちらがまさっているのか」。いいですね。「与」は「と」。「也」は置き字で読んでません。「たれカ」でなく「いづレカ」の読みの場合には、「何・奚」という字も使います。

ここで「汝」といわれているのは子貢《しこう》。孔子の有力な弟子のひとりです。「回」は顔回《がんかい》（顔淵）で、二人とも『論語』にはよく出てきますね。顔回という弟子は、孔

三羽の特別講義

与

「与」は用法が多く、漢文の勉強では最も重要な字の一つです。

① A与《と》トレB（並列）
② 与《と》レA…
③ 与《とも》ニレAト…
④ 与《とも》ニスレAト（サ変）いっしょにやる
⑤ 与《とも》ニ…（副詞）＝倶
⑥ …与《や（か）》（疑問・反語）
⑦ …与《かな》（詠嘆）
⑧ 与《より》ハレA寧《むし》ロB（比較選択）
⑨ あたフ（ハ行下二段）
⑩ くみス（サ変）支持する
賛成する
仲間になる
⑪ あづカル（ラ行四段）かかわる
関与する

子が将来を嘱《しょく》望して最もかわいがっていた弟子です。子貢もそれは知っています。ある日、孔子は子貢にさっきの問いかけをするんですね。そのときに子貢が顔回のことをいったのが、有名な「**一《いち》を聞《き》いて以《もっ》て十《じふ》を知《し》る**」という文句です。「彼は一を聞いて十を知ります。私なんか一を聞いて二を知るのみです」ってね。孔子は子貢の答えをとても喜んだんですけど、「一を聞いて二を知る」といったところに子貢の気持ちが出てると思いませんか？

君たちは「一を聞いて二を知る」って自分でいえますか？「一を聞いても〇・五くらいしかわからない」から苦労するんでしょ。先生としては、「せめて一を聞いて一を知ってほしい」ってとこですよね。たのみますよ！

では、次にいきましょう。

●●11 疑問形

何如

いかん（どうであるか）

今日ノ事何如。

【訓読】今日《こんにち》の事《こと》、何如《いかん》。

【訳】今日の事態はどうですか。

これは、**物事の状況や状態あるいは、いいか悪いか事の是非を問う**形です。「今日の事態はどうですか」と状況を聞いているんですね。**「何若・奚如・奚若」も同じ。**

次の形は、「何如」の字の順番が逆になっています。

疑問形 12

如何セン

いかんセン（どうしたらよいか）

朋友之際ハ如何セン。

【訓読】朋友《ほういう》の際《さい》は如何《いかん》せん。

【訳】友人との交際は、どうしたらいいのか。

前の「何如」と「如何せん」は、字が逆ですね。どう違うのでしょう。

「何如」は状況や状態について、あるいは事の是非を問う場合に使います。**「何如」は疑問だけ**です。反語になりません。一方、**「如何せん」は、方法や手段を問う**ときに使います。こちらの**「如何」は、疑問だけでなく反語として使うことも多い**んです。いいですね、ちゃんと違いを覚えてください。

また、**「奈何・若何」でも同じ使い方**になります。

例文は、「朋友《ほういう》の際《さい》は如何《いかん》せん」、「友人との交際は、どうしたらいいのか」と方法を聞いている疑問形です。「如何」の場合には疑問でも反語でも読み方が同じですから、口語訳するときどちらがいいのか考えながら訳す必要があります。

また、この「如何」が「如ㇾA《ヲ》何《セン》」のようになって「Aをいかんせん」と読み、

「何如《いかん》」は、状況・状態・事の是非を問う疑問詞で、疑問のみ。
「如何《いかんセン》」は、方法・手段を問う疑問詞で、反語で使われることも多い。

「……をどうしたらいいか」のように**目的語をとるときには、「如何」の二文字の間に目的語が入ります**。ふつう目的語というのは述語の下にきますが、「如何せん」の場合は間に入れるんです。気をつけたいですね。

13 疑問形

幾何

いくばく（どれくらい・どれほど）

如キハレ我ノ能ク将タルカ二幾何ニ一。

【訓読】我《われ》のごときは能《よ》く幾何《いくばく》に将《しやう》たるか。

【訳】私程度のものは、どれくらいの兵隊の将になることができるだろうか。

「幾何」は、「きか」ではなく「**いくばく**」と読みます。「**幾許**」とも書いて、意味は「**どのくらい・どれほど**」。「……は幾何ぞ」の形で「……はどのくらいか」のように使うこともあります。文頭にはあまりきませんね。

漢の高祖の家臣で、最も活躍し、エピソードも多い**韓信**《かんしん》という人がいます。「**背水**《はいすい》**の陣**《じん》」は彼の考えた奇計ですし、蕭何《しょうか》が彼のことを評した「**国士無双**《こくしむそう》」という言葉も有名ですね。マージャンやる人は知ってるかな。韓信の大活躍なんかがあって漢の建国となるんですが、最後は謀反《むほん》の疑いで捕まえられてしまいます。

あるとき高祖は韓信相手に、家臣の将としての力量の評価を質問していたんです

故事成語

背水の陣

韓信が趙《ちょう》を攻めたときに、わざと川を背にして陣をしき、味方の兵に決死の覚悟で戦わせて勝ったという話から、「これ以上退くことのできない絶体絶命の立場」あるいは「それを念頭に全力を尽くして事に当たること」をいいます。スポーツとか勝負の世界でよく使います。

国士無双

天下第一のすぐれた人物のこと。

が、そこでさっきの質問が出るんです。「韓信よ、それじゃわしはどうじゃ」ってね。「陛下《へいか》はせいぜい十万でしょうな」といわれてムッとした高祖は、「それじゃおまえはどうなんだ」といった。そのとき韓信がいったのが有名な「多々《たた》益々《ますます》弁《べん》ず」というせりふです。「私は多ければ多いほどうまくやれます」と。当然高祖はムカーッですよね。しかし、韓信はこういったんです。「陛下は兵に将たる器《うつわ》ではございません。**将に将たる器**でございます。それは天賦《てんぷ》のものであって努力でなれるものではございません」って。お世辞じゃないと思うんですね。韓信は高祖をそういうふうに評価していたんでしょう。

14 疑問形

……否《ヤヤ》

（……ヤいなヤ）

（……かどうか・……だろうか）

視《ヨ》ニ吾《ガ》舌《ヲ》一。尚《なホ》在《リヤ》否《いなヤ》。

【訓読】吾《わ》が舌《した》を視《み》よ。尚《な》ほ在《あ》りや否《いな》や。

【訳】私の舌を見てみろ。あるか、ないか。

「……や否《いな》や」は、直訳すれば「……だろうか、そうじゃないだろうか」です。だけど、訳としては「……だろうか」で十分です。

例文も、「尚《な》ほ在《あ》りや否《いな》や」、「あるか、ないか」となりますね。だけど、「あるか」

多々益々弁ず

本来の意味は「多ければ多いほどうまくやれる」ということだが、今日では「多ければ多いほどよい」のような意味で使っています。

で十分ですよね。

●15 疑問形

……ヤ未《いま》ダシヤ

……ヤいまダシヤ（……だろうか、まだだろうか）

寒梅著《つ》ケシヤレ花ヲ未《いま》ダシヤ。

【訓読】寒梅花《かんばいはな》を著《つ》けしや、未《いま》だしや。

【訳】寒梅は花を咲かせただろうか、まだだろうか。

これも、訳は「……だろうか、まだだろうか」ですが、「……だろうか」で十分です。「寒梅は花を咲かせただろうか、まだだろうか」ですけど、「まだだろうか」はなくても意味は通じますよね。王維《おうい》の五言絶句「雑詩《ざつし》」の一節です。

はい、以上で疑問形は終わります。かなりたっぷりありましたが、しっかり復習して、次回の反語形との違いを学んでください。練習問題は、反語のところでまとめてやります。違いを確認しながらやったほうがわかりやすいからね。

第8講 反語形

反語形は疑問形と同じ形ですが、「ン」があることが区別のポイント。独特な訳し方にも慣れよう。

さて、今日は反語ですね。「どうして……だろうか、いや……ない」のようないい方を反語といいます。反語形のほとんどは、見かけ上は疑問形と同じ。区別するポイントは、「ン」があるかどうかです。出題率ベスト3のひとつですから、しっかりやっていこう。

反語形のほとんどは、見た目は疑問形と同じです。疑問のところでもいいましたが、**反語は「ン」を入れて読む**んですね。「……**ン**や」や「何ゾ……**ン**」といった形です。ですから、送りがながついていれば、区別は簡単ですね。「ン」があれば反語ですから。送りがながない場合は、話の流れの中でよく意味を考えて判断するしかありません。

訳し方も、特徴がありますね。「**……だろうか、いや……ない**」。口語訳をする場合、「いや……ない」の部分はいちいち訳さなくてもけっこうですが、そういう感じがあることがわかる必要があります。

それじゃ、反語のいろいろな形を見ていきましょう。

まず、疑問形の場合と同じように、疑問詞を用いず文末の「乎」だけでつくる反語形から。

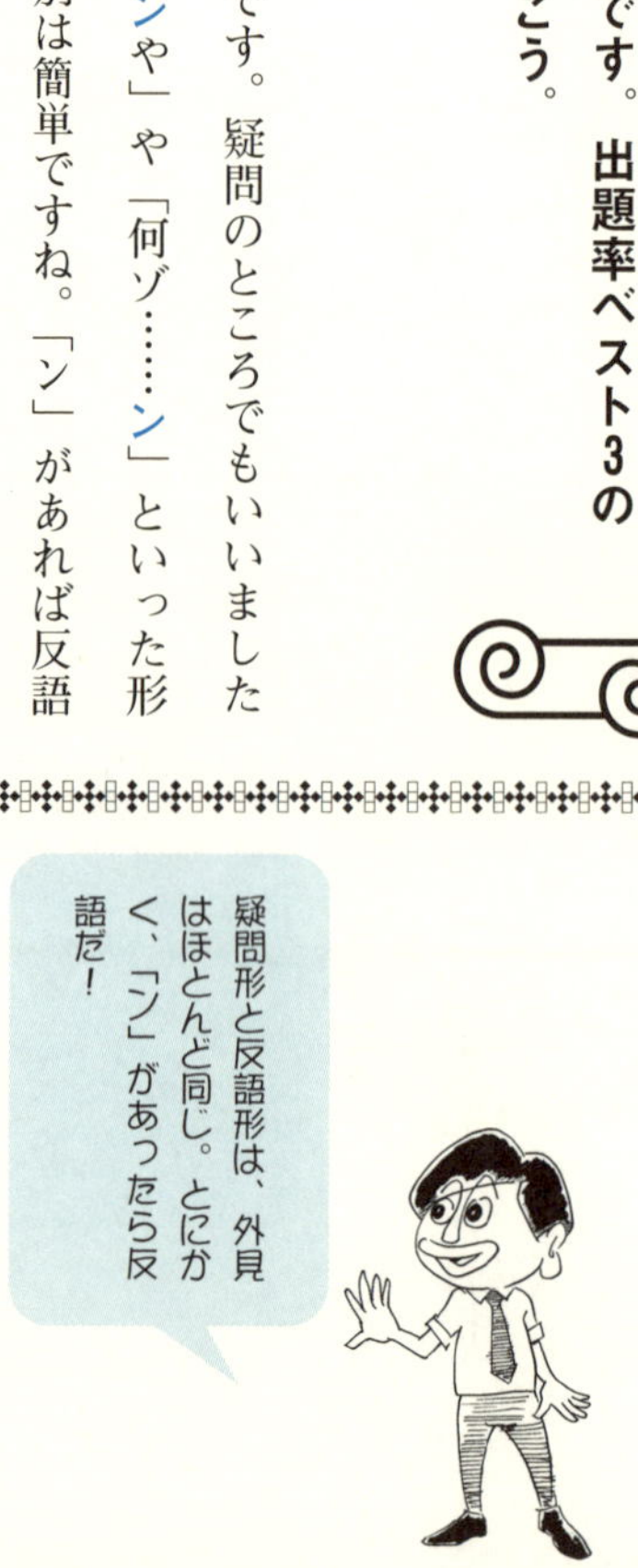
疑問形と反語形は、外見はほとんど同じ。とにかく、「ン」があったら反語だ！

反語形 1

……乎ン

……ンや（……だろうか、いや……ない）

以テレ臣ヲ弑《しい》スレ君ヲ、可ベケンレ謂《い》フレ仁ト乎。

【訓読】臣《しん》を以《もっ》て君《きみ》を弑《しい》す、仁《じん》と謂《い》ふべけんや。

【訳】臣下の身分で主君を殺すのは、仁といえるだろうか。

大事なのは「……ンや」というように、**「乎」の直前の送りがなに「ン」がくる**ことです。これは、推量の助動詞「む」ですから、**「ン」の前は未然形**ね。疑問形では「乎」を「か」と読むケースもあるけど、**反語形の「乎」は必ず「や」**です。

文末で「や」と読む字には、**「乎」の他に「也・哉・与・耶・邪・歟」**などがあります。これも、疑問形とまったく同じですね。

例文を見ましょう。「仁《じん》と謂《い》ふべけんや」は、「仁といえるだろうか、いやいえない」です。「弑《しい》す」は重要単語です。意味は殺すことですが、臣下の身分の者が主君を殺す、いわゆる下克上《げこくじょう》の殺しだけに使う単語なんです。ですから、例文のように「臣《しん》を以《もっ》て」とか「君《きみ》を」とか書いてなくても、「弑《しい》す」とあるだけでその状況を説明していることになります。

「べけんや」も漢文独特の口調ですね。推量の助動詞「ん」は未然形につきますか

重要語

弑す

「弑《しい》す」は、臣下が主君を、あるいは子が父を殺すこと。

ら、「べし」の未然形「べから」について、「べからんや」となっても文法上はいいはずですが、そうはいいません。確かに文法的にはそれで正しいんですが、漢文の場合「べけんや」という独特ないいまわしになります。こういういい方は、例文のまま覚えておくといいですね。

第3講でも少し出てきた、**伯夷《はくい》・叔斉《しゅくせい》**という兄弟の話です。**周《しゅう》の武王《ぶおう》**が暴虐な天子である**殷《いん》の紂王《ちゅうおう》**を征伐するために出陣しようとしたときに、この兄弟が王の馬の口をおさえて諌《いさ》めるんです。いかに暴君とはいえ紂王は天子である。臣が主君を伐《う》つのは不仁・不忠だ、と。しかも武王は親の喪《も》中だった。これも「孝《こう》と謂《い》ふべけんや＝孝といえようか」とね。

これは、結局きいれられませんでした。伯夷・叔斉は周王朝の世になってからも、不孝・不忠にして成り立った王朝に仕えることはできないと、首陽山《しゅようざん》という山の中でゼンマイやワラビを食べたりして生きてたんですが、やがて餓死するんです。

ところで、中国では兄弟の順を「**伯《はく》・仲《ちゅう》・叔《しゅく》・季《き》**」という字であらわします。伯夷・叔斉は長男と三男だってことがわかりますね。孔子なんかは字《あざな》が仲尼《ちゅうじ》ですから次男なんですね。三人の場合は「伯（孟）・仲・季」です。

話はそれますけど、自分の両親のお兄さんお姉さんに当たるおじさん、おばさんは「伯父・伯母」、弟、妹だったら「叔父・叔母」ですよ。手紙を書くときなどは、気をつけましょう。まして、「小父さん」なんて書いちゃだめ。これはカンケイないおじさん。隣の小父さんとかヘンなオジサンとかですよ。
　さて、疑問詞を用いる反語形には、基本形といってもいいような、「どうして……だろうか、いや……ない」という訳し方になる典型的ないくつかの形があります。

反語形 2

何ゾ……ン（乎）

なんゾ……ン（や）
（どうして……だろうか、いや……ない）

吾何ゾ愛《を》シマン二一牛ヲ一。

【訓読】吾《われ》何《なん》ぞ一牛《いちぎう》を愛《を》しまん。
【訳】私はどうして一頭の牛を惜しんだりしようか。

「何ゾ……ンや」の形です。「何ぞ」は、疑問形と同じようにいろいろな字を使いますから慣れること。「胡・奚・曷・庸」などですね。**文末の「乎」はないこともあります。**
　例文は、「どうして一頭の牛を惜しんだりしようか、いや惜しんだりはしない」ということですね。この牛は犠牲《ぎせい》、つまりいけにえの牛です。王様がひかれていく牛を見てかわいそうになって「その牛はよせ。羊にせよ」と命じた。人々の中には王が牛を惜しんで羊にしたと見た者もいた。で、王は「いやそうじゃない」と。『孟子』の文章です。

反語形の訳の基本は、「どうして……だろうか、いや……ない」。基本の形をガッチリ固めよう！

反語形3

何為レゾ……ン(乎)

なんすレゾ……ン(や)
(どうして……だろうか、いや……ない)

吾何為レゾ不ランレ楽シマ。

【訓読】吾《われ》何為《なんす》れぞ楽《たの》しまざらん。
【訳】私はどうして楽しまないことがあろうか。

「何為《なんす》レゾ……ンや」は、さきほどの「何ゾ」を少し強めた感覚のものと思えばよし。「私はどうして楽しまないことがあろうか」ということは、「いや大いに楽しむ」んですよね。

反語形4

安クンゾ……ン(乎)

いづクンゾ……ン(や)
(どうして……だろうか、いや……ない)

燕雀安クンゾ知ランニ鴻《こう》鵠《こく》之志ヲ一哉。

【訓読】燕雀《えんじゃく》安《いづ》くんぞ鴻鵠《こうこく》の志《こころざし》を知《し》らんや。
【訳】燕や雀のような鳥に、どうして大きな鳥の志がわかるだろうか。

「安《いづ》クンゾ……ンや」。疑問形と同じく、**「安」の他に「寧・焉・悪・烏」**などの字を使うこともあります。どれもたいへん大事です。

また、「何為《なんす》れぞ……ん」の場合もそうですが、**文末の「乎」は、あってもなくてもどっちでもいい**んでした。文の頭に**疑問詞があって、最後に「ン」がくれば反語**の表現なんです。

ところで、「何《なん》ゾ」「何為《なんす》レゾ」「安《いづ》クンゾ」や、最初の「……乎」の形は、疑問形のケースもかなりあります。送りがながつかない状態で出題されたら、話全体の流れで意味を考えながら、反語形か疑問形かを判断します。

どうしても区別できないときは、反語形にしておいてください。**反語形と疑問形とでは、出題される率は反語形の方が圧倒的に高い**んです。いざというときは、反語形！　確率の高いほうにかけるしかないでしょう。

「燕雀安《えんじゃくいづ》くんぞ鴻鵠《こうこく》の志《こころざし》を知らんや」。これも有名な言葉です。

「鴻鵠《こうこく》」は「おおとり」と「くぐい」で、白鳥のような大きな鳥のことです。「燕《えん》雀《じゃく》」は、燕《つばめ》と雀《すずめ》。小さな鳥のことです。訳してみると、「燕や雀のような小さな鳥に、どうして白鳥のような大きな鳥の志がわかるだろうか」。

これは、秦《しん》の始皇帝が死んだあと勃発《ぼっぱつ》した秦打倒の暴動「陳勝《ちんしょう》・呉広《ごこう》の乱」のリーダー、**陳勝**の言葉です。まだ若く無名だった頃、陳勝は肉体労働をしていたんですが、あるとき仲間の若者に「俺が出世したら、おまえを家来にしてやるぜ」と

疑問と反語とでは、反語のほうが質問の確率が高い！

三羽の◎◎特別講義

陳勝・呉広の乱

紀元前二一〇年に秦の始皇帝が亡くなると、全国のあちこちで雨後のタケノコのように反乱が起きますが、その火つけ役になったのが前二〇九年の陳勝・呉広の乱です。これは中国の歴史上はじめて平民が立ちあがった反乱でした。陳勝には、仲間を決起させようとしたときに言った「**王《おう》・侯《こう》・将《しょう》・相《しょう》寧《いづ》くんぞ種《しゅ》あらんや**」（王侯や将相の地位につくのにどうして血筋が必要であろうか）という、やはり反語形の有名な言葉もあります。

いった。「おまえ何寝《ね》ぼけたこといってんだ、出世なんかするかよ」ってその若者は笑ったんですね。そのときに陳勝がいったセリフなんです。つまり、「君のような小人物には、僕のような大人物が何を考えているかわからんだろうな」といってるわけです。

えらくナマイキな人間だな、ともいえますが、大物になる人は「大物になってやる」という気力がなきゃなりませんよ。大学入試でもそうですね。「どっちでもいいけど」なんて思ってるような人に、勝利の女神は味方しません。勝負というのは、常に勝つつもりでやってても、負けることがあるわけでしょ。ましてや、勝つつもりのない者が勝つことはないんです。

はい、次にいきましょう。5～7の三つは、疑問形にはなく反語形のみの形になります。

反語形 5

豈ニ……（哉ン）

あニ……ン（や）

（どうして……だろうか、いや……ない）

豈ニ遠シトセン二千里ヲ一哉。

【訓読】豈《あ》に千里《せんり》を遠《とほ》しとせんや。

【訳】どうして千里の道程《みちのり》を遠いと思ったりするだろうか。

「豈《あ》ニ……ンや」。これは、疑問形はほとんどありません。「哉」と組み合わさることが多いので、例文も文末は「哉」にしておきました。「豈《あ》に千里《せんり》を遠《とほ》しとせんや」は、訳すと「どうして千里の道程《みちのり》を遠いと思ったりするだろうか、いや遠いとは思わない」となります。つまり、遠くてもかまわず行くといってるんですね。

反語形 6

独リ……ン（哉）

ひとり……ン（や）
（どうして……だろうか、いや……ない）

独リ畏レン二廉《れん》将軍ヲ一哉。

【訓読】独《ひと》り廉将軍《れんしやうぐん》を畏《おそ》れんや。
【訳】どうして廉将軍を畏れたりしようか。

「独り……ンや」。「独《ひと》り」といっても、私ひとりがどうとかこうとか訳しちゃだめですよ。反語形で使われたときの「独り」は、「どうして」。これも疑問形にはなりません。これも「哉」とのセットが多いですね。

「独《ひと》り廉将軍を畏《おそ》れんや」。「どうして廉《れん》将軍を畏《おそ》れたりしようか、いや畏れたりしない」。前にお話しした「刎頸《ふんけい》の交《まじわ》り」の話の中で、藺相如《りんしょうじょ》が自分の家来たちにいっている言葉です。

7 反語形

敢ヘテ……ン（乎）
あヘテ……ン（や）
（どうして……だろうか、いや……ない）

百獣之《の》見テレ我ヲ而敢ヘテ不レ走ランラ乎。

【訓読】百獣《ひゃくじゅう》の我《われ》を見《み》て敢《あ》へて走《はし》らざらんや。
【訳】あらゆる獣たちが私を見てどうして逃げださないことがあろうか。

「敢ヘテ……ンや」。これも疑問形にはなりません。

この「敢」についてちょっと注意したいのは、「……」の部分に否定文がくるケースが非常に多いということ。「敢不二……一乎」で、「敢へて……せざらんや」となります。最初から「敢不二……一乎」の形で見出しにしてある本もよくありますね。でも、基本的には「何……乎」や「安……乎」と同じです。「何……乎」だって「……」に否定文がくることとありますからね。

ところで、この「敢不二……一」は反語ですが、「不二敢……一」になってると否定形なんです。「敢へて……ず」で、「けっして……しない」とか「しいて……しない」となります。この「敢不……」と「不敢……」の違いを説明せよ、という問題がよくあります。要するに、反語形は「敢……乎」の「……」に当たる部分に否定がくるだけのことなんですが。

三羽の特別講義

敢

敢ヘテ不ラン二……一セ（乎）　あヘテ……セざランや　**反語形**
（どうして……しないことがあろうか、いや……する）

不二敢ヘテ……一セ　あヘテ……セず　**否定形**
（けっして……しない・しいて……しない）

「敢」が上にあるのが反語形、「不」が上にあったら否定形。

例文は、「百獣《ひゃくじゅう》の我を見て敢《あ》へて走らざらんや」。「走」は、逃げる意味です。「あらゆる獣たちが私を見てどうして逃げださないことがあろうか、いやみんな逃げだすだろう」。有名な「虎《とら》の威《い》を借《か》る狐《きつね》」の狐が虎をだまそうとしていった言葉です。
あるとき、腹をすかした虎が狐をつかまえたんですが、その狐が「虎さん私を食っちゃいけないよ。天の神様は私を百獣の王にしたんだ。ウソだと思うなら私の後についてきてごらん。森中の動物が私の姿を見て逃げるから」って虎にいうんですね。お人よしの虎は、「フームほんとかもしれんな」と狐について行った。狐のいったとおり、森の動物は皆狐を見て逃げるんですね。もちろん狐の後に虎がいるから逃げたわけですが、虎はすっかりだまされた。そういうお話です。

8 反語形

何ヲ以テ……ン（乎）

なにヲもつテ……ン（や）
（どうして……だろうか、いや……ない）

不ンバレ敬セ何ヲ以テ別《わか》タン乎。

【訓読】敬《けい》せずんば何《なに》を以《もっ》て別《わか》たんや。
【訳】敬いの気持ちを持たなくては、どうして区別できるだろうか。

この「何ヲ以テ……ンや」も「どうして……だろうか」です。文末に「乎」があ

故事成語

虎の威を借る狐
自分自身はたいした力もないくせに、後ろにある権力や勢力をかさに着ていばること、あるいはそういう人物のことをいいます。

るとこれなんですが、文末に「乎」がないパターンでは、「何《ヲ》以《テカ》……《ン》」で「なにヲもつテカ……ン」。たとえば、例文では「何を以て別たんや」となっていますが、「何を以てか別たん」でもいいんですね。

この例文は、実は上に文章があって、親を養う話なんです。犬や馬だって親を養うくらいのことはする。そうですかね？　とにかく上にそういう文があって、だとしたら人間と犬馬は何が違うのか？　で、その後がこの例文です。「敬いの気持ちを持って養うのでなくては、どうして人間と犬馬の違いを区別できるだろうか、いや区別できないではないか」と、こういっているわけです。

さて、ここからは疑問形と同じように、疑問詞の持っている意味で口語訳を考えていくことになります。

9 反語形

安《クニカ》……《ン》

いづクニカ……ン
（どこに……だろうか、いやどこにも……ない）

我安《クニカ》適帰《セン》矣。

【訓読】我《われ》安《いづ》くにか適帰《てっき》せん。
【訳】我々はいったいどこに身を寄せたらいいのだろうか。

「安クニカ……」は、「どこに……か」でした。その反語形ですから、「どこに……

だろうか、いやどこにも……ない」ですね。疑問詞の持っている意味で訳し方を考えていくんでした。

ですから、例文の訳は「我々はいったいどこに身を寄せたらいいのだろうか、どこにもう身を寄せる所はない」。前に出てきた**伯夷**《はくい》・**叔斉**《しゅくせい》が、首陽山《しゅようざん》で死ぬときにうたった詩の一節です。

「適帰」は重要な単語で、誰かを頼って身を寄せる、あるいは身を落ちつかせる。「適」は、「行」と同じ意味。

10 反語形

誰カ……ン

たれカ……ン
（だれが……だろうか、いやだれも……ない）

人生自《より》レ古《いにしへ》誰カ無《カラン》レ死。

【訓読】人生《じんせい》古《いにしへ》より誰《たれ》か死《し》無《な》からん。

【訳】人間は昔から誰が死が無いだろうか。

「自《よ》リ」は大事ですね。返読文字で、必ずひらがなにします。「人間は昔から誰が死が無いだろうか」が直訳です。昔から死の訪れなかった者がいただろうか、いや人間は誰だって皆死ぬんだ、といっているんです。

南宋の有名な忠臣、**文天祥**《ぶんてんしょう》の詩の一節です。

同訓異字

ゆく

「行・往・之・適・征・逝・如・徂・于」。読みの問題としては「**往**」と「**之**」がとくに重要。「**適・如・逝**」も注意。「逝」は死ぬ意味に注意！

同訓異字

より

「**自**」の他に「**従・由**」も同じように用います。動作・作用の時間的・空間的な起点を表す格助詞にあたり、必ず返ってくる**返読文字**です。

反語形11

何ヲカ……ン

なにヲカ……ン
（なにを……だろうか、いやなにも……ない）

夫レ何ヲカ憂ヘ何ヲカ懼レン。

【訓読】夫《そ》れ何《なに》をか憂《うれ》へ何《なに》をか懼《おそ》れん。

【訳】いったい何を憂えたり恐れたりする必要があるだろうか。

「夫」は大事な字ですよ。**「夫」を「そレ」と読むのは、だいたいが文頭にある場合**ですが、例文のように句の頭でもそうです。

これは『論語』の中で悪人の兄のことを気に病んでいる司馬牛《しばぎゅう》という弟子に、孔子が「自分自身にやましいことがなければ、何もおまえがオドオドビクビクすることはないではないか」とさとした言葉です。

反語形12

何ノ……カ……ン

なんノ……カ……ン
（どんな……が……だろうか、いやどんな……も……ない）

我何ノ面目アリテカ見《まみ》エンレ之ニ。

【訓読】我《われ》何《なん》の面目《めんもく》ありてか之《これ》に見《まみ》えん。

【訳】私はいったいどういう面目があって彼らに会えようか。

同字異訓

夫

① **そレ**…そもそも・いったい　文頭で用いる
② **かノ**…あの～
③ **かな**…詠嘆（＝矣）　文末で用いる

「私はいったいどういう面目があって彼らに会えようか、いや会えない」。どの面《つら》さげて会えるだろうか、会わす顔がないではないか、という感じですね。

烏江亭《うこうてい》まで逃げてきた**項羽**《こうう》が結局もう逃げない決心をするんですが、その理由を舟を用意してくれた宿場の長《おさ》に語るんですね。

彼は江東の地から旗上げをしたとき、八千人の若者とともに故郷をあとにしたわけです。そうして一時は天下もとった。ところが、ここまで逃げて来た今、その八千人の兵はひとりもいない。自分ひとりが長江を渡って故郷に帰ったとして、どんな顔をして兵たちの父兄に会えようか、とね。

13 反語形

如レA《ヲ》何《セン》

Aヲいかんセン（Aをどうしたらよいか、いやどうすることもできないい）

虞《ぐ》ヤ兮虞ヤ兮奈レ若《なんぢ》ヲ何セン。

【訓読】虞《ぐ》や虞《ぐ》や若《なんぢ》を奈何《いかん》せん。

【訳】虞よ、虞よ、お前をいったいどうしたらいいんだろう。

「兮《けい》」は詩の中で使われる整調の置き字です。「若」は「汝」なんかと同じで「なんぢ」。

疑問形のところでやりましたが、「如何せん」は**目的語をとる場合は「如何（奈何）」**

同字異訓

見

①**みル**（マ行上一段）…みる
②**みユ**（ヤ行下二段）…みえる
③**まみユ**（ヤ行下二段）…お目にかかる・会う
④**あらハル**（ラ行下二段）…露見する・現れる
⑤**る・らる**…受身の助動詞

の二字の間に入れるんでしたね。ですから、「奈ㇾ若何」となっています。「四面楚歌《しめんそか》」の場面で、項羽《こうう》がずっと連れていた虞美人《ぐびじん》という女性に対してうたったもので、ここは「虞《ぐ》よ、虞よ、お前をいったいどうしたらいいんだろう、もうお前をどうしてやることもできない」と反語形になります。

ところで、虞美人もやがて死にますが、彼女が埋められたところから一輪の赤いヒナゲシの花が咲きます。ヒナゲシの花のことを虞美人草《ぐびじんそう》っていいますね。じゃ、『虞美人草《ぐびじんそう》』という小説を書いた人は誰ですか？　漢文の話じゃありませんよ。明治時代。夏目漱石《そうせき》ですね。漱石の代表作のひとつです。

また、「……を如何せん」ではなく、「如何ぞ……ん」と用いられる場合は、「何ぞ……ん」と同じ意味になります。「どうして……だろうか、いや……ない」ですね。

例文を挙げておきます。

反語形

如何ゾ不ラン二涙垂タレ一。

【訓読】如何《いかん》ぞ涙《なみだ》垂《た》れざらん。

【訳】どうして涙を流さずにいられようか。

反語ですから、「どうして涙を流さずにいられようか、いや流さずにはいられない」ですね。白居易の有名な『長恨歌《ちょうごんか》』の一節です。

反語形 14

幾何ゾ

いくばくゾ（どれほどであろうか、いやいくらもない）

浮生ハ如シレ夢ノ。為スコトレ歓ヲ幾何ゾ。

【訓読】浮生《ふせい》は夢《ゆめ》のごとし。歓《かん》を為《な》すこと幾何《いくばく》ぞ。

【訳】人生は夢のようなものだ。楽しく過ごせる時間はどれくらいだろうか。

はい、反語形の最後、「**幾何ゾ**」です。「**いくばくぞ**」と読みます。「**幾許**」でも同じ。これには反語形であることを示す「ん」がつきません。だから「幾何」を使った文章が、反語形なのか疑問形なのかは、形だけではわかりません。

「浮生」は、はかない人生の意味ですね。「はかない人生は夢のようなものだ」。また、よくあるいい方ですね。そして、「楽しく過ごせる時間はいったいどれくらいだろうか、いや、どれほどもない」。人生をトータルで見ると、楽しく過ごせる時間なんて、どれほどもないわけだから、そういう楽しい時間は大切に過ごそうではないかってことをいってるんですね。

それでは、疑問形と反語形のまとめの総合演習をしておきましょう。

練習問題をやってみよう

練習問題　10min

次の口語訳を参考にして、後の漢文を書き下し文にせよ。（傍線部のあるものは傍線部だけでよい）

(1) あなたはどうして政治をしないのか。

子 奚 不レ為レ政。

（　　　　　　　　）

(2) 鶏をさばくのにどうして牛切り包丁《ほうちょう》を使う必要があろうか。

割《さクニ》レ鶏《ヲ》 焉 用二牛 刀一。

（　　　　　　　　）

(3) 天が知っている。地が知っている。あなたが知っている。私が知っている。どうして知っている者がいないと言えようか。

天 知《ル》、地 知《ル》、子 知《ル》、我 知《ル》。何 謂レ無レ知。

（　　　　　　　　）

訳し方の口調から、反語形か疑問形かを判断する。

(4) 国家を建てる事業と国家の維持とはどちらが難しいか。

創業与二守成一孰難。

（　　　　　　　　）

(5) あなたは今にもどこへ行こうとするのか。

子将二安之一。

（　　　　　　　　）

(6) 人は生まれながらに何でも知っているものではない。誰が惑《まど》いなくいられようか。

人《ハ》非二生《マレナガラニシテ》而知《ル》レ之《ヲ》者《ニ》一。孰能無レ惑。

（　　　　　　　　）

(7) 自分自身を正すことができないとしたら、人を正すことがどうしてできようか。

不《レバ》レ能《ハ》レ正《ス》二其《ノ》身《ヲ》一、如レ正レ人何。

（　　　　　　　　）

解答

(1) 子奚ゾ不ル㆑為サ㆑政ヲ。
（子《し》奚《なん》ぞ政《せい》を為《な》さざる。）

まず、「**どうして……か**」ですから、**疑問形**ですね。そして、「どうして」に当たる疑問詞が、「奚《なん》ゾ」だとわかることがポイント。「奚ぞ」があるから、最後に読む「不《ず》」は連体形「ざる」になります。
「為」は、「する」意味に読むときは「なス」。サ行四段活用です。「不」には未然形で「為さざる」と返ります。これは、もう大丈夫だよね。

解答

(2) 割サクニ㆑鶏ヲ焉クンゾ用ヒン㆓牛刀ヲ㆒。
（焉《いづ》くんぞ牛刀《ぎゅうとう》を用《もち》ひん。）

「**どうして……だろうか**」だから、この「焉クンゾ」は**反語形**。「用」は、ハ行上二段「用ふ」なんでした。未然形にして「ン」に続けますから、「焉くんぞ牛刀を用ひん」ね。
文末には「乎」なんかがないわけですが、「用ひんや」と勝手に送りがなで「や」を入れてもかまいません。でも、こんがらがると困るので、「乎」がないときは「ン」で終わっておくことにしましょう。
意味は、目的のためにはちょっと手段がオーバーじゃないかってことですよね。

『論語』の中の孔子の言葉です。

解答

(3) 天知ル、地知ル、子知ル、我知ル。何ゾ謂レハン無レシト知ルモノ。
（何《なん》ぞ知《し》るもの無《な》しと謂《い》はん。）

「**どうして……いえようか**」っていい方は、「いやいえない」なんですから、これも**反語形**ですね。「何」があるんだから、「何ゾ……ン」。最後に読む「謂」は「いフ」で、「未然形＋ン」で「謂はん」。ここも文末に「や」と読む字がありませんから、「謂はん」でとめておきましょう。

また、「知っている者がいない、といえようか」だから、「知るもの無しと」から「謂はん」へ返る。いいですか？　「知るもの無し」のように、「ト」の前は終止形で文が終わります。

これは「**楊震《ようしん》の四知《しち》**」という話の一節なんです。後漢《ごかん》の時代に楊震という人物がいたんですが、楊震のところへ、かつて面倒みたことのある男がワイロを持ってきたわけです。楊震はむろん立派な人ですから、そんなものガンとして受け取らない。でも、その男は、「夜だし誰にも見られなかったから、このことは誰も知りません。大丈夫です」といって、どうしても受けとらせようとする。贈賄《ぞうわい》側はいったん事をおこしてしまった以上ひっこめられませんものね。それで楊震がいったのがこのせりふです。ワイロにまつわる話って漢文に多いですよ。たいがい今のように、ワイ

同訓異字

いフ（ハ行四段）

- **言・道**…考えや思いをのべる
- **曰・云**…引用していう
- **謂**…面と向かっていう　評していう

ロをガンとしてつっぱねた清潔な人の話なんですが、それが偉い人だと話題になるってことは、現実がいかにワイロ天国だったかってことですよね。

解答

(4) 創業ト与《と》二守成一孰レカ難キ。

（創業《さうげふ》と守成《しゆせい》と孰《いづ》れか難《かた》き。）

「国家を建てる事業」は「創業」、「国家の維持」は「守成」です。

これは、「Aト与《と》レB」の形ですから、まず、「創業と守成と」。「は」を入れて、「創業と守成とは」でもいいです。そのあとの「孰」が「どちらが……か」だから、疑問形ですね。「難」は、「むずかシ」じゃありませんよ。「かたシ」。形容詞の連体形にするんですから、「孰《いづ》れか難《かた》き」ね。「創業と守成と孰れか難き」となります。貞《じょう》観《がん》の治《ち》とその治世をたたえられた、唐《とう》の太宗《たいそう》が家臣たちにした質問です。太宗は、「創業の難きは過去のものとなった。皆と守成の難きを心していこう」といっています。

解答

(5) 子将ニル二安クニカ之一カント。

（子《し》、将《まさ》に安《いづ》くにか之《ゆ》かんとする。）

再読文字「将」（まさニ……ントす）がからんでますね。「安」が、「どこに……か」だから「安クニカ」になって疑問形。「之」は「行」と同じで「ゆク」ね。「往・

適・征・如・逝・徂・于」なんかも「ゆク」なんでした。使いわけはどうでもいいです。読めればよし。

ところで、これ「子、将に安くにか之かんとす」でやめちゃいけませんよ。ちょっと意地悪な問題なんだけど、「安くにか」がある以上、文末は連体形になる。ですから、「子《し》、将に安くにか之《ゆ》かんとする」ね。

解答

(6) 人《ハ》非《ズ》㆓生《マレナガラニシテ》而知《ル》㆑之《ヲ》者《ニ》㆒。孰《カ》能《ク》無《カラン》㆑惑《ヒ》。

（**孰《たれ》か能《よ》く惑《まど》ひ無《な》からん。**）

こんどの「孰」は、「**誰が……いられようか**」だから、「**たれカ……ン**」の反語形ですね。「能」は肯定文だから「能く」。「能」は、「不」で打消すときだけ「あたはず」なんでした。あとは「無し」の未然形に「ン」をつければできあがり。「孰《たれ》か能《よ》く惑《まど》ひ無《な》からん」ですね。

何とかの未然形とか連体形とかいうようなこと、古文だけでたくさんだって思うでしょうけど、漢文の訓読は古典文法に従ってるんですから、用言の活用とかできないと困りますよ。

解答

(7) 不《レバ》㆑能《ハ》㆑正《ス》㆓其《ノ》身《ヲ》㆒、如㆑正《スヲ》㆑人《ヲ》何《セン》。

（**人《ひと》を正《ただ》すを如何《いかん》せん。**）

「どうしてできようか」という訳から、**反語形**だとわかります。

前半に「其《そ》の身《み》を正《ただ》す能《あた》はざれば」とありますから、傍線部の中の「正レ人」は、同じように「人を正す」になりますね。**「如レA《ヲ》何《セン》」の形で、「Aヲいかんセン」**でしたね。目的語は「如何」の間にはさむんでした。「ヲ」の前は連体形。ということは、「正す」は四段活用だから、「人《ひと》を正《ただ》すを如何《いかん》せん」になります。


はい、以上。前回の疑問形と今回の反語形と、量は少し多かったかな？　例文をしっかり復習して、訳し方の違いを感覚的に身につけるようにしてください。

次回は使役形をやりましょう。これも重要ですからね。では今日はおしまい。

第9講 使役形

使役形は、「ヲシテ」がポイント。これ一発で答が出る問題もかなり多い。しっかり覚えよう。

使役形は、再読文字や反語と並んで、漢文の問題では三大ポイントのひとつ。ものすごく重要です。使役で大事なのは、とにかく「A、BヲシテCセしム」の形の、使役の対象の送りがな「ヲシテ」！　これ一発で答が見えることもあります。

使役形 1

使役形は、**入試漢文では最大のポイント**です。絶対に覚えてください。型にはまった形は、見てすぐに「ア、あれだ！」とカンづかなきゃいけませんよ。

大事なのは、とにかく次の形です。

A使ム二BヲシテCセ一

A、BヲシテCセしム
（AはBにCさせる）

天帝使ム三我ヲシテ長タラ二百獣ニ一。

【訓読】天帝《てんてい》、我《われ》をして百獣《ひやくじう》に長《ちやう》たらしむ。

【訳】天の神様は、私に百獣の王をさせている。

Aは、主語です。ただ、この主語は省略されているケースが非常に多い。ですか

ら、「AヲシテBセしム」と覚えてもいいですね。

「使」は、**使役の助動詞「す・さす・しむ」の「しむ」**です。漢文では「す・さす」は使いません。「しむ」だけです。

「しむ」と読む字は、「使」以外に**「令・教・遣・俾」**の四つがあります。本来それぞれの字が持っている意味合いには微妙な違いがありますが、それはどうでもいいんです。どれを使っても、**「……ヲシテ……シム」**と読むと覚えてください。

さて、Aは主語。Bに当たるものが、使役の対象です。**「使《しム》」の直下にある、この使役の対象の名詞に「ヲシテ」という送りがながつく**。これが最大のポイント！ この「ヲシテ」に着目できれば一発で正解が選べるというレベルの問題が、大学入試でもゴロゴロありますよ。

それから、「Cセしム」のCが、何をやらせるのかという使役の内容。「しむ」は未然形につく助動詞ですから、サ変で代表させて「Cせしむ」ね。**「しむ」は未然形から返ってくる返読文字**です。

いつもいつもピタッとはまるわけじゃないけど、標準的な訳し方は「AはBにCさせる」。

では、例文を見ましょう。前にもあった**「虎《とら》の威《い》を借《か》る狐《きつね》」**の話の中の一節で、たいへん有名な例文です。読んでみると、「天帝《てんてい》、我《われ》をして百獣《ひゃくじゅう》に長《ちょう》たらしむ」。できるだけ公式に近い訳し方をすれば、「天の神様は、私に百獣の王をさせている」と

古典文法 確認

使役の助動詞「しむ」

未然	連用	終止	連体	已然	命令
しメ	しメ	しム	しムル	しムレ	しメヨ

接続は活用形の未然形につく。
動詞の下二段型に活用する。

なります。名詞の「長」は未然形にできないので、接着剤として用いた断定の助動詞「たり」の未然形「たら」を使って、「長たらしむ」となります。

自分にはたいした力もないくせに、バックにある権力とかをかさにきていばったりする人間のことを「虎《とら》の威《い》を借《か》る狐《きつね》」っていうんでした。

使役形の出題は、ほとんどこの「A、BをしてCせしむ」の形ですが、もう一つパターンがあります。

使役形 2

A 命ジテレ B ニ C セシム

A、Bニめいジテ Cセシム
（AはBに命令してCさせる）

命ジテ二義経ニ一討タシム二平氏ヲ一。

【訓読】義経《よしつね》に命《めい》じて、平氏《へいし》を討《う》たしむ。

【訳】義経に命令して、平氏を討たせる。

やはりAは主語、Bが使役の対象なんですが、**「Bヲシテ」といかない**んです。「命ず」のような使役の意を含む動詞にひっくり返って、**Cの使役の内容の最後に送りがなで「シム」をつける**、という形です。

例文は、「義経《よしつね》に命《めい》じて、平氏《へいし》を討《う》たしむ」。「討《う》つ」に「シム」をつけるには、未然形にしなくてはいけません。「討つ」は四段活用ですから、「討たしむ」ね。

この「A、Bに…してCせしむ」という形は、他にもいくつかあります。「A、Bヲ召《め》シテCセシム」、「A、Bニ説《と》キテCセシム」、「A、Bニ勧《すす》メテCセシム」、「A、Bヲ遣《つか》ハシテCセシム」、「A、Bヲ挙《あ》ゲテCセシム」などです。形は同じですね。

では、このパターンの例文をもう一つやりましょう。

使役

召《シテ》ニ儒者《ヲ》一読《マシム》レ史《ヲ》。

【訓読】儒者《じゅしゃ》を召《め》して、史《し》を読《よ》ましむ。

【訳】儒者を召し寄せて、史書を読ませる。

これは、「A、Bヲ召シテCセシム」の形です。意味は、「AはBを召しよせてCさせる」となります。

「読む」は四段活用ですから、未然形の「読ま」に「しむ」で「読ましむ」。いいですですね。

この2の型は、質問の頻度としては、1に比べて非常に少ないといっていいと思います。こういう形もある、というくらいでいいです。

三羽の◉◉特別講義

A命《ジテ》レB《ニ》C《セシム》
A、Bニ命ジテCセシム
（AはBに命令してCさせる）

A召《シテ》レB《ヲ》C《セシム》
A、Bヲ召シテCセシム
（AはBを召しよせてCさせる）

A説《キテ》レB《ニ》C《セシム》
A、Bニ説キテCセシム
（AはBを説得してCさせる）

A勧《メテ》レB《ニ》C《セシム》
A、Bニ勧メテCセシム
（AはBに勧めてCさせる）

A遣《ハシテ》レB《ヲ》C《セシム》
A、Bヲ遣ハシテCセシム
（AはBを派遣してCさせる）

A挙《ゲテ》レB《ヲ》C《セシム》
A、Bヲ挙ゲテCセシム
（AはBを挙用してCさせる）

練習問題をやってみよう

練習問題 3min

次の各文の傍線部を書き下し文にせよ。

(1) 天《ニ》無《シ》レ口。使二人言一。

（　　　　）

(2) 遣三蘇武使二匈奴一。（蘇武《そぶ》＝前漢の人。匈奴《きょうど》＝北方の異民族）

（　　　　）

(3) 不《シテ》レ能《ハ》三自《ラ》使《ムル》二其《ノ》身《ヲシテ》無《カラ》レ死、安能使二王長生一哉。

（　　　　）

(4) 命二豎子一殺レ雁烹レ之。（豎子《じゅし》＝童僕。烹＝煮《に》る。之＝雁）

（　　　　）

解答

(1) 天ニ無シレ口。㊀使ムニ人ヲシテ言ハ一。
（**人《ひと》をして言《い》はしむ。**）

傍線部には使役形の「使」がありますから、直下の名詞「人」に「**をして**」がつきます。そして、「言ふ」を未然形「言は」にして「言はしむ」。主語は「天」ですから、Aもいうなら「天、人をして言はしむ」です。意味は、「天には口がないので、人民にいわせる」となります。

天子というのは、天命をうけて、人間界の代表として天の代わりに人々を治める存在なんですね。ところが、天子が暴政を行う、つまり政治が悪いと、民は怒りの声をあげる。その声が、実はその天子に天命を下《くだ》した天の声なんです。天には口がないから、人民の口をかりて天の言葉をいわせるのだ、ということなんですね。政治家がよく口にする、「その件については天の声をよく聞いて」といったいい方は「国民の声を聞いて」ってことをいってるわけです。

解答

(2) 遣ム三蘇武ヲシテ使ヒセ二匈奴ニ一。
（**蘇武《そぶ》をして匈奴《きょうど》に使《つか》ひせしむ。**）

この文では、**使役は「遣」**。「使」じゃありませんよ。「使」はここでは、一番最初の返り点のところでやった「元二の安西に使ひするを送る」の「使ひす」です。

重要語

天子
君主。天命を受けて天下を治める者をいいます。＝皇帝・王使役の対象は蘇武ですから、「蘇武《そぶ》をして」ね。「使ひす」はサ変ですから、それを「使ひせ」と未然形にして「使ひせしむ」。

ところでこの**「遣」は、「A、Bを遣《つか》はしてCせしむ」の形でも使う**んでした。ですから、返り点が「遣二蘇武一使二匈奴一」となってたら、「蘇武《そぶ》を遣《つか》はして匈奴《きょうど》に使《つか》ひせしむ」になります。これはちょっと注意する必要があります。返り点のついていないものを読めといわれたら、答えはどっちでもいいことになりますね。

蘇武《そぶ》は、漢の武帝《ぶてい》の時代の人です。異民族の**匈奴《きょうど》**に使者としていったまま捕えられ、シベリアのバイカル湖のほとりで、十九年間苦節をなめるんですが、ガンとして匈奴に屈しなかった英雄なんです。あるとき彼は、渡り鳥の足に「自分は北海のほとりで生きている」という手紙を結びつけて放すんですが、それが故国に届くんですね。その故事から、手紙のことを「**雁書《がんしょ》**」とか「**雁信《がんしん》**」とかいいます。これは覚えておきましょう。

解答

(3) 不シテレ能ハ三自ラ使ムル二其ノ身ヲシテ無カラレ死、安クンゾ能ク使メン二王ヲシテ長生セ一哉。

(安《いづ》くんぞ能《よ》く王《わう》をして長生《ちやうせい》せしめんや。)

ある王様のところに、自分は不老長生の術を知っていると売りこみに来た男がいたんですね。そこで、王は家臣の者にその不老長生の術を学ばせたんですが、ちゃんと習得しきらないうちに、その男が死んじゃったんです。王は怒って、ちゃんと

重要語

雁書・雁信

手紙。便り。＝雁札《がんさつ》・雁帛《がんぱく》・書

習得しなかった家来を罰しようとした。そのとき、ある人が諫《いさ》めたわけです。王様、ちょっとお待ちください、「自《みづか》ら其《そ》の身《み》をして死無《しな》からしむる能《あた》はずして」、ここまで返り点、書き下し文いいですか？　ここにも使役形がありますね。「自分自身に死をなくさせることができないで」となります。つまり、その男は不老長生術を知っていたはずなのに死んじゃったんでしょ、変ですよね。

さて、傍線部ですが、まず**「安……哉」が「いづクンゾ……ンや」の反語形**です。もちろん、疑問形かもしれませんから、どっちか考えてから決めるんですが、ここは文脈の流れから反語形が必要です。

「能」は上に「不」がないから「能《よ》く」だよね。残りの「使二王長生一」が使役形。まず、「使」の直下の「王」に**「ヲシテ」**。次に「長生」は「チョウセイ」と音読みする。**二字の熟語はサ変**に読むしかないので、この四字だけ読めば、「王《わう》**をして**長生《ちやうせい》せしむ」。で、「しむ」から「ン哉《や》」へいくわけですから、「しむ」を未然形にして、「長生せしめんや」。

自分自身に死をなくさせることもできないのに、「どうして他人である王に長生きさせることができましょうか、そのようなことはできるはずがございません」って諫《いさ》めているわけです。ちょっと難しかったですか？

「不老不死の薬」は、秦《しん》の始皇帝や漢の武帝のような、中国の歴史上有数の皇帝でさえ、本気で求めてます。人間の永遠の願望かな。でも本当に「不老不死の薬」

三羽の◎◎特別講義

始皇帝と不死の薬

あるとき、斉《せい》の国の方士の徐市《じょふつ》（徐福《ふく》とも）という者が始皇帝に、「東方の海の中に神山があり、そこに住む神仙が不死の薬を持っている。その神山は雲の上にあるように見えるが、近づくと水の下にあり、目の前に見えても行きつけない」と吹き込みました。神山は蜃気楼《しんきろう》のことではないかといわれています。始皇帝は莫大な費用をかけて徐市に不死の薬を探しにいかせましたが、もちろんそんなものはあるはずもなく、徐市は逃げて日本にたどり着いたという伝説があります。和歌山県の新宮《しんぐう》市にはお墓まであります。

あったら飲みますか？　僕はやめときますね。兼好《けんこう》が『徒然草』の中で、「世はさだめなきこそいみじけれ」、この世は永遠ではない、無常だからこそすばらしいのだっていってますけど、ほんと、そうなんじゃないでしょうか。

解答

(4) 命ジテ二竪子ニ一殺シテレ雁ヲ烹シムレ之ヲ。
（竪子《じゅし》に命《めい》じて雁《かり》を殺《ころ》して之《これ》を烹《に》しむ。）

これは、「……をして……しむ」じゃありませんね。「……に命じて……しむ」のほうです。すぐ気づかなきゃいけませんよ。「竪子《じゅし》に命《めい》じて」の後、「殺す」と「煮る」という二つの動詞があるので、「雁《かり》を殺《ころ》して」と接続助詞の「て」で下へつなぐ形にしたあと、「烹」のほうに「しむ」をつけて「之《これ》を烹《に》しむ」となります。

「烹《に》る」はナ行上一段活用。大丈夫でしょうか。「しむ」は未然形に接続するから、「烹《に》しむ」でいいですね。

この「竪子」は、注にあるように、ここでは童僕、つまり召使いの少年のことです。訳は、「童僕に命じて、雁を殺して、これを料理させる」。

はい、使役形はここまで。量はそんなにありませんでしたが、重要さはピカ一ですからね。繰り返し例文や問題をやって、完全に自分のものにしてください。いいですね。「……ヲシテ」ね。では、終わります。

重要語

竪子
基本的に「子ども」の意味ですが、相手のことをののしる場合の「未熟者」「青二才」「小僧」などのような使い方も注意しましょう。＝**孺子**

第10講 受身形

受身形は、大事なパターンが二つあります。型にはまったいい方を覚えてしまえば、訳は簡単。

受身形のパターンは三つ。助動詞「る・らる」の読み方をするものと、もう一つ型にはまった形が大事です。こういったものは覚えていないと、いくら考えたって答ができません。訳し方は簡単です。「……れる・られる」か「（…に）……される」ですからね。

まず、古文の受身の助動詞「る・らる」にあたるものから。

受身形 1

見㆓……㆒
……る・……らル
（……れる・……られる・……される）

寛ニシテ而見レ㆑畏《おそ》レ、厳ニシテ而見ル㆑愛セ。

【訓読】寛《くわん》にして畏《おそ》れられ、厳《げん》にして愛《あい》せらる。

【訳】寛大でありながら畏れられ、厳格でありながら愛される。

「見」の他に、「被・為・所」も同じ働きをします。これらの字を、古文の受身の助動詞「る・らる」と読むわけです。必ずひっくり返って読む返読文字です。

「る」と読むか「らる」と読むかは、接続の問題です。四段活用とナ変とラ変には

同字異訓

為
① なス　（サ行四段）する
② なル　（ラ行四段）なる
③ つくル　（ラ行四段）作る
④ ためニ…
⑤ （…ノ）ためニ
⑥ （…ノ）ためニス　（サ変）
⑦ たリ　断定の助動詞
⑧ る・らル　受身の助動詞＝（見・被）

「る」、その他の動詞には「らる」がつくんでした。初めて聞いた気がするなんて、困りますよ。**未然形に接続する**ことも、大丈夫ですね。

ただし、**ナ変は実際には漢文では使いません**。たとえば、「死ぬ」なんか使いそうですが、漢文ではサ変動詞「死す」を使います。

訳し方は、現代語の受身の助動詞「…れる」「…られる」。書き下し文にするときは、助動詞ですから必ずひらがなにします。

じゃ、例文を読みましょう。「寛《くわん》にして畏《おそ》れられ」。この「して」に当たるのが、上から二番目の「而」なんでした。そして、「畏る」は下二段活用ですから、「らる」がつきます。ただ、その後が「。」で終わってなくて、「、」ですよね。この場合は「**中止法**」といって、連用形が必要です。つまり、「寛にして畏れられ」。後半は、「愛す」はサ変ですから、こっちも「らる」ですね。これは終止形でいいんですから、「厳《げん》にして愛《あい》せらる」。

「寛大でありながら畏れられ、厳格でありながら愛される」。人の上に立つ者はそういう一面を持っていたいということをいいたいわけです。学校の先生なんかでもいますよね。優しい感じの人で、叱《しか》ったりすることもないような人なんだけど、生徒がピリッと緊張感を持つような先生とか。逆に厳しい人なんだけど、けっこう好かれてる先生とかね。

北宋の時代の蘇軾《そしょく》（蘇東坡《そとうば》）という有名な文人がいった言葉です。

「る」と読むか「らる」と読むかは、下の動詞の活用の種類で決まる。

古典文法確認

る・らる

	未然	連用	終止	連体	已然	命令
る	れ	れ	る	るル	るレ	れヨ
らる	らレ	らレ	らル	らルル	らルレ	らレヨ

る…四段・ナ変・ラ変の未然形につく
らる…カ変・サ変・上一段・上二段・下一段・下二段の未然形につく
動詞の下二段型に活用する。

●●● 受身形 2

A為ルニBノ所トレCスル

A、BノCスルところトなル
（AはBにCされる）

欺《あざむ》クレ人ヲ者ハ却《かへ》ツテ為ルニ人ノ所トレ欺ク。

【訓読】人《ひと》を欺《あざむ》く者《もの》は却《かへ》つて人《ひと》の欺《あざむ》く所《ところ》と為《な》る。

【訳】人を裏切るような人間は、かえって人に裏切られる。

この形が非常に大事なんです。使役形の「A使ムニBヲシテCセ一」もそうですが、いわゆる型にはまったいい方がありますよね。こういう覚えてなければわからない型にはまった表現が、よく出るんです。この**「為」と「所」との組み合わせ**があったら、おっ、これは受身のアレだなとピンとこなければいけません。

さて、Aは主語ですが、使役形と同じように省略されることも多いですね。省いた形で、「AのBする所と為る」と覚えてもけっこうです。例文を見ましょう。

「人を欺《あざむ》く者は」。これが主語に当たります。「却《かへ》ツテ」は副詞ですから、主語ではありませんよ。この後が受身で、「人の欺《あざむ》く所《ところ》と為《な》る」となります。意味は、「人を裏切るような人間は、かえって人に裏切られる」となりますね。

さて、もう一ついきます。

受身形 3

A C セラル二於B ニ一

A、BニCセラル（AはBにCされる）

労スルレ力ヲ者ハ治メラル二於人ニ一。

【訓読】力《ちから》を労《ろう》する者《もの》は人《ひと》に治《をさ》めらる。

【訳】肉体をはたらかす者は、人に治められる。

この形は、先の二つに比べると、重要度はかなり低くなります。**「於《お》・于《う》・乎《こ》」グループの置き字による受身の表現**なんです。「於・于・乎」は、補語の上に置かれて、補語の右下の送りがなの働きをするんでした。

この場合、「**於**」は「人ニ」の「ニ」という読みに当たるんですが、この「**ニ**」は**受身の対象を示しています**。ですから、「治」の読みに受身の「る・らる」をつけて「人に治めらる」と読むわけです。「治む」は下二段活用ですから、「らる」がつきますね。「力を労する者は人に治めらる」となります。

意味は、まあ、今の世の中では語弊《ごへい》がありますが、昔は身分関係がはっきりしていましたから、「肉体をはたらかす者は、人に治められる」。これの上に「心《こころ》を労《ろう》する者は人を治《おさ》め＝精神をはたらかす者は人を治め」という文があるんです。つまり、頭脳労働者は支配者階級、肉体労働者は被支配者階級だと。『**孟子**《もうし》』の一節です。

練習問題をやってみよう

さて、練習問題をやりながら、いまの三つの形を復習しましょう。

練習問題 3min

次の各文の傍線部を書き下し文にせよ。

(1) 厚キ者ハ為㆑戮、薄キ者ハ見㆑疑。（戮＝りくス。殺すこと）

（　　　　　　　　）

(2) 君子ハ恥ヂ㆑不ルヲ㆑能ハ、不㆑恥㆑不㆑見㆑用。

（　　　　　　　　）

(3) 先ンズレバ則チ制シ㆑人ヲ、後則為㆓人所㆒㆑制。

（　　　　　　　　）

(4) 治㆓於人㆒者食㆑人、治㆑人者食㆓於人㆒。（食＝やしなフ）

（　　　　　　　　）

解答

(1) 厚キ者ハ為レ戮セ、薄キ者ハ見レ疑ハ。
（厚《あつ》き者《もの》は**戮《りく》せられ**、薄《うす》き者《もの》は**疑《うたが》はる**。）

「厚きものは」、「薄きものは」と、突然これだけいわれても、何をいっているのかわからないでしょうね。でも、要は傍線部が読めればいいんですから、わからなくてもそこでやめちゃいけませんよ。

さて、上の傍線部の「戮」という字は、注にあるように「りく」と読みます。「殺《さつ》戮《りく》」って熟語は知ってるよね。つまり、ひどい殺し方をすること。殺すことを意味します。「戮」は「りく」と音読みするしかありませんから、**音読みプラス「ス」はサ変動詞**で、「戮す」。はい、**サ変につくのは「らる」**。「らる」は未然形につきますから、「戮《りく》せらる」。「、」でまだ下に続くので、例の**中止法**で連用形にして「戮《りく》せられ」とします。

「薄《うす》き者《もの》は」に続く「疑ふ」は、ハ行四段活用です。くどいようですが、**四段につくのは「る」**でしたね。ですから、「疑ふ」には「る」がつきます。いいですね。で、未然形にして「疑《うたが》はる」。こちらは終止形でよし。

したがって、「厚《あつ》き者《もの》は戮《りく》せられ、薄《うす》き者《もの》は疑《うたが》はる」になります。「る」「らる」は、書き下し文では、もちろんひらがなですよ。

「程度のはなはだしい者は殺され、軽い者でも疑われた」と訳すんですが、これは、今まで何度も出てきた『韓非子《かんぴし》』という書物の「説難《ぜいなん》」という章に出てくる文章の一節です。人、特に目上の人に意見をいうことの難しさをいってるんです。同じことをいっても、時と場合によっていろいろありますよね。

解答

(2) 君子ハ恥ヂレ不ルヲレ能ハ、不レ恥ヂレ不ルヲレ見レレ用ヒ。

（用《もち》ひられざるを恥《は》ぢず。）

前半の「君子《くんし》は能《あた》はざるを恥《は》ぢ」。これは、いいですね。

傍線部の「不レ恥レ不レ見レ用」にはレ点が四つありますから、一番下から上に一字ずつ返っていきます。「用」の字は何度も出てきましたが、ハ行上二段活用の「用《もち》ふ」と読むんでした。

受身の「見」に返るわけですから、「用ふ」を未然形にして「用ひ」。上二段ですから「らる」が続きます。しかし、この「らる」から、打消の助動詞「ず」に返るわけですから、「らる」も未然形にする必要があり、「用ひられず」となります。

その上に、「不レ恥」があります。これは前半の部分と対句になっています。「……ざるを恥ぢ」「……ざるを恥ぢず」となっているわけです。これをヒントにして「用ひられず」と「恥ぢず」をつなげると、「用《もち》ひられざるを恥《は》ぢず」でできあがり。

「恥」は「恥《は》づ」で、ダ行上二段活用ですから、「恥ぢず」。「ぢ」ね。

全体の意味は、「君子というものは、できないことを恥じるが、用いられないことを恥じたりはしない」となります。

「用ひられず」というのは、挙用されない、登用されない、という意味です。何かをするときにそれができないのは、自分に力がないんだから恥だけど、用いられるか用いられないかというのは、自分の本質とは関係ないということです。用いる側に人を見る目がないこともあるし、見込まれて用いられたことの方が恥ずかしいようなとこもあるかもしれないよね。

解答

(3) 先ンズレバ則チ制レシ人ヲ、後ルレバ則チ為ル二人ノ所ト一レ制スル。

（後《おく》るれば則《すなは》ち人《ひと》の制《せい》する所《ところ》と為《な》る。）

これも、前半の「先《さき》んずれば則《すなは》ち人《ひと》を制《せい》し」と、後半の傍線部が対句であることに着目することがポイントです。

「先んずれば則ち」と同じように「後則」を読むと、「先んず」の反対は「後《おく》る」で下二段ですから、「已然形＋ば」で、「後るれば則ち」になりますね。

そのあとの四文字「為二人所レ制」が、「AのBする所と為る」の受身形。「制」はこれも前半の読み方から、サ変動詞「制す」であることがわかりますから、連体形にして「人の制する所と為る」。

人よりも先んじれば人をおさえることができ、後れをとれば人におさえられる、ね。「先んずれば人を制す」はよく使いますね。

解答

(4) 治メラルル二㊀於㊀人ニ一者ハ食ヒレ人ヲ、治ムルレ人ヲ者ハ食ハル二於人ニ一。
（人《ひと》に治《おさ》めらるる者《もの》は人《ひと》を食《やしな》ひ、人《ひと》を治《おさ》むる者《もの》は人《ひと》に食《やしな》はる。）

この文は、さきほど説明した、「心を労する者は人を治め、力を労する者は人に治められる」と**対句**なんです。この文そのものも、**前半と後半が対句**ですね。「治二於人一」と「食二於人一」の部分が**「於」があることによる受身形**。「人《ひと》に治《おさ》めらる」「人《ひと》に食《やしな》はる」になりますね。「治む」はマ行下二段だから「治め・らる」、「食ふ」はハ行四段だから「食は・る」でしょ。「治二於人一」は「者」という体言に続きますから、「らる」は連体形で「人《ひと》に治《おさ》めらるる者《もの》」ですね。「食レ人」は、「人を食《やしな》ひ」となります。「、」で後半の文に続きますから、「食ふ」は連用形「食ひ」。はい、前半できました。「人《ひと》に治《おさ》めらるる者《もの》は人《ひと》を食《やしな》ひ」、ですね。後半は、「人《ひと》を治《おさ》むる者《もの》は人《ひと》に食《やしな》はる」。「者」に続くんだから「治む」は連体形の「治むる」。大丈夫ですか。

被支配階級の人民たちが、実は自分たちを治めている支配者階級の人間を養い、治める側の人間は、自分たちが治めている人民に養われているのだ、ということ。食糧を生産してるのは人民たちですからね。

はい、受身形は以上で終わりです。今日はだいぶ古文の文法を勉強しましたね。

第11講

仮定形

仮定形で使われる字は、主に五つ。これが読めれば、仮定形は大丈夫。たいへんカンタンです。

受身形では文法の説明が多くて、つらい思いをした人もいたかもしれませんが、今日は楽ですよ。本当に。仮定形をつくる主な文字は、五つあります。仮定形は、要するに読めればいいんです。読めれば意味がわからないということはないでしょう。

仮定形 1

では、一番ふつうな「もし……ならば」という形からいきましょう。

如《シ》……《バ》　もシ……バ（もし……ならば）

学若シ無クンバレ成ル不二復タ還ラ一。

【訓読】学《がく》若《も》し成《な》る無《な》くんば、復《ま》た還《かへ》らず。

【訳】学問がもし成就《じょうじゅ》しなかったならば、二度と故郷へは帰らない。

この例文では「若」を使っていますが、「若」を「もシ」と読めれば、訳せないということはありませんよね。「もシ……バ」と、「バ」と呼応します。

ふつう出てくるのは「如」と「若」ですが、「もシ」と読む字は「使・令・即・則

三羽の特別講義 「もシ」と読む字

覚えておかなくてはならないのは、「如」と「若」ですが、「モシ」と読む字は他にもあります。

使・令・即・則・設・脱・誠・尚・倘・当・向・仮如・如使・向使・当使

「……」などたくさんあります。ただし、これらの字が問題文中に出てくる場合は、ほとんどふりがながついていると思います。こんな字をそう読むこともあるという程度でけっこうです。

例文は、「学若《がく》し成《な》る無《な》くんば、復《ま》た還《かへ》らず」。「無くんば」は、「無し」の連用形に係助詞「は」がついた仮定の形「無くは」に、撥音「ん」が入って「は」が濁音化したものなんでした。

2 仮定形

苟シクモ……バ

いやシクモ……バ（かりにも……ならば）

苟シクモ為サバ二後ニシテレ義ヲ而先ニスルヲ一レ利ヲ不ンバレ奪ハ不レ饜《あ》カ。

【訓読】苟《いや》しくも義《ぎ》を後《あと》にして利《り》を先《さき》にするを為《な》さば、奪《うば》はずんば饜《あ》かず。

【訳】かりにも義を後にして利益を優先するならば、奪いつくすまで満足しなくなる。

「苟シクモ……バ」。この「いやしくも」も「バ」と呼応します。

例文は、孟子《もうし》が諸国遊説《ゆうぜい》の途中で立ち寄った梁《りょう》の国で、恵王《けいおう》という王様に訊《き》かれたことに答えた文句の一部です。恵王は、「先生、ぜひ今日は我が国に利益をもたらすご高説《こうせつ》を伺いたい」というんですね。孟子は利益という言葉にカチンときて、「王、何ぞ必ずしも利と曰《い》はん。亦《また》仁義あるのみ」というんです。これは、たいへん有名

三羽の●●特別講義

学若《も》し成る無くんば、復《ま》た還《かへ》らず

幕末、尊王攘夷の志士たちとも交遊のあった僧、月性《げっしょう》の七言絶句の一節です。起句は、「男児《だんじ》志《こころざし》を立てて郷関を出《い》づ」ですが、なかなか勇ましい詩で、人気がありました。「男が、いったん志を立てて故郷を出たからには、学問が成就（完成）しない限り、二度と故郷には帰らない」と。このあと「骨を埋《うず》む何ぞ期《き》せん墳墓《ふんぼ》の地、人間《じんかん》到《いた》る処《ところ》青山《せいざん》有り」と続き、「骨を埋めるのに、どうして祖先の墓の地を望もうか、この世の中どこへ行っても青々とした美しい山があるではないか」。つまり、人間、死に場所はどこにでもある、といってるわけです。

なセリフで「王様、なんでそのように利益、利益とばかりおっしゃるのか。あなたにとって大事なことは仁義の道があるだけだ」ってことです。
王様が利益をいうと、すぐ下の家来も利益をいう。そして、そのまた家来も利益を追求する。そうすると、上から下まで皆利益を求め合ってしまう。例文は、その後の言葉です。「かりにも義を後まわしにして利益の追求を優先させるならば、皆が皆奪いつくすまで満足しなくなる」といった意味です。

3 仮定形

縦ヒ……トモ

たとヒ……トモ（たとえ……としても）

縦ヒ彼不トモレ言ハ、籍《せき》独リ不ランレ愧《は》ヂ二於心ニ一乎。

【訓読】縦《たと》ひ彼言《かれい》はずとも、籍独《せきひと》り心《こころ》に愧《は》ぢざらんや。

【訳】たとえ彼らが何もいわなくても、私はどうして心の中で恥じずにいられようか。

現代語でも「たとえ……であっても」といった表現がありますから、これも読めれば大丈夫でしょう。「縦」の他に、「仮令《ヒ》」「縦令《ヒ》」「縦使《ヒ》」のように二字で「たとヒ」と読ませることもあります。**終止形＋「トモ」と呼応**しますが、**連体形＋「モ」**となることもあります。
「籍《せき》」は項羽の名で、つまり自分のことをいっているわけです。烏江亭《うこうてい》という長江のほとりの宿場まで逃げてきた項羽が、もう逃げない決心をする場面の言葉です。反語形でやった「我何《われなん》の面目《めんもく》ありてか之《これ》に見《まみ》えん＝私はどのような面目があって彼ら、つまり失った八千人の兵たちの父兄に会えようか、会わす顔がない」に続く言葉で、「たとえ彼らが何もいわないとしても、私はどうして心の中で恥じずにいられようか、恥じずにはいられない」ということです。「独り……んや」は、反語でしたね。

●●仮定形4

雖モ二……ト一

……トいへどモ（……とはいっても・たとえ……であっても）

自ラ反《かへり》ミテ而縮《なほ》クンバ、雖モ二千万人ト一吾往《ゆ》カン矣。

【訓読】自《みづか》ら反《かへり》みて縮《なほ》くんば、千万人《せんまんにん》と雖《いへど》も吾往《われゆ》かん。

【訳】自分の心を振り返って正しければ、たとえ相手が千万人であっても私は立ち向かう。

この形は「……トいへどモ」と、**必ず「ト」からひっくり返ってくる**ことが大事です。これも、「……といへども」と読めれば、意味はわかりますよね。

意味は、「自分の心を振り返ってみたときに自分が正しければ、たとえ相手が千万人であろうとも、私は立ち向かっていく」。『孟子』の中の有名な言葉です。

文末の置き字「矣」は、強く断言するときに使うんでした。キッパリいい切って

るんですね。これは、実は孟子自身の言葉ではなく、孔子の弟子の曽子が先生からきいた「大勇」についていっている言葉です。「大勇」は、本当の勇気ね。

5 仮定形

微《カリセバ》二……一
……なカリセバ
（……がなかったならば）

微《カリセバ》二孔孟一王道或《あるイハ》不《ラン》レ興《ラ》。

【訓読】孔孟《こうまう》微《な》かりせば、王道《わうだう》或《ある》いは興《おこ》らざらん。
【訳】もし孔子と孟子がいなかったならば、王道はあるいは興らなかっただろう。

この形は、**「微」という字を「なカリセバ」と読むことに特徴**がありますね。「なかりせば」の「なかり」は、「なし」の連用形ですから、「無《カリセバ》二……一」でもいいわけですが、「微」だから気をつけたいわけです。「せ」は過去の助動詞「き」の未然形、それに接続助詞の「ば」がついたものです。これは**古文でいう反実仮想《はんじつかそう》**なんですね。

訳し方は、「もし……がなかったら、（……であったろうに）」。ですから、「もし孔子と孟子がいなかったならば、王道はあるいは興らなかっただろう」となります。

仮定形は、読めればよし。きちんと確認しておいてくださいね。

古典文法確認

反実仮想
未然形＋ば
連用形＋は
…せば
…ませば
…ましかば
} …まし
「もし…なら…だろうに」と事実に反することを仮想する推量表現。

重要語

王道
君主の人徳によって天下を治める政治のあり方のこと。**徳治政治。** ↔**覇道**

第12講 比較形・選択形

比較形は、「しかず」と「しくはなし」がポイント。選択形は読めればOK！　例文といっしょに覚えていこう。

こんにちは。さて、今日は比較形と選択形です。
比較形は、二つ以上のものを比べてどうだ、という形。選択形は、比べたうちのどちらをとるか、ということ。
どちらも、決まった型があります。例文といっしょに覚えていきましょう。

では、比較形から見ていきます。

比較形 1

Aハ Cナリ㆓於Bヨリモ㆒

AハBヨリモCナリ
（AはBよりもCである）

苛政ハ猛㆓於虎ヨリモ㆒也。

【訓読】苛政《かせい》は虎《とら》よりも猛《まう》なり。

【訳】苛酷な政治は、人喰い虎よりも恐ろしい。

これは、「於《お》・于《う》・乎《こ》」のグループの置き字がつくる比較形です。ここで、補語（この場合はB）の送りがなの「ヨリモ」に当たるのが「於」なわけです。「於」は、受身や比較などいろんな動きがあるんですね。

り」ですが、もし「也」がなくても「Cナリ」のように読みたいですね。

あるとき孔子が泰山《たいざん》という山の近くを通りかかると、お墓の前で泣いている女の人がいた。なんで泣いているのかと聞くと、「私の舅《しゅうと》はこのあたりに棲《す》む人食い虎に食われて死にました。夫も同じ虎に食われました。それが今度は息子まで…」というんです。これに対して孔子がいったのが、疑問形でやった「何為《なんす》れぞ去らざるや＝どうしてそんな危険な土地から出ていかないのか」。女の人は答えました。「苛政無し」、つまり「この土地には苛酷な政治がないのです」とね。そこで孔子は弟子たちにいうんですね。「諸君、聞いたか。苛政は虎よりも猛なりだ」。

●●● 比較形 2

Aハ不レ如カレBニ

AハBニしカず
（AはBには及ばない・AよりもBのほうがよい）

百聞ハ不レ如カ二一見ニ一。

【訓読】百聞《ひゃくぶん》は一見《いっけん》に如《し》かず。

【訳】百回聞くよりも一回見たほうがよい。

これは、比較形で一番大事な形です。「如《し》く」というのは、「及ぶ」という意味の四段動詞ですが、必ず「如かず」とか「如くは無し」のように否定の形で用いるんです。「……に如く」というように、肯定文で用いられることは、あまりありません。「AはBに如かず」を直訳すれば、「AはBには及ばない」。「AよりもBのほうがよい」、ということです。**必ず「……に」から返る**のもポイントですね。

例文は、あまりにも有名ですね。「百聞《ひゃくぶん》は一見《いっけん》に如《し》かず」、つまり「百回聞くことは一回見ることに及ばない」。何度人から聞くよりも、一度自分の目で見るほうが確かである、ということね。漢の時代に作戦参謀だった趙充国《ちょうじゅうこく》が武帝《ぶてい》に、報告を受けているだけではわからないので現地へ行かせてほしい、といったときの言葉です。

「如」は、「若」という字でも同じで、この二つは非常に共通点の多い字です。もちろん、「如」と「若」は共通しない用法もあります。「如」は「如《ゆ》く」や「突如《じょ》」のような使われ方がありますし、「若」は「若《なんぢ》」とかね。「若《わか》し」は漢文では「少《わか》し」がふつうです。

比較形 3

Aハ無シレ如クハレBニ

AハBニしクハなシ
（Aに関してはBにまさるものはない）

人之所ハレ急ニスル無シレ如クハニ其ノ身一。

【訓読】人《ひと》の急《きふ》にする所《ところ》は、其《そ》の身《み》に如《し》くは無《な》し。

【訳】人間が一番大切にするものに関しては、自分自身にまさるものはない。

三羽の〇〇特別講義

「如・若」の共通の用法

① **如シ二**……**一**ノ(ガ)　……ノ（ガ）ごとシ　比況形
② **如シ**……バ　もシ……バ　仮定形
③ **A不レ如カレBニ**　AハBニしカず
A無レ如クハレBニ　AハBニしクハなシ　比較形

①の比況形は、必ずひっくり返ってきて使われる。「名詞＋の＋ごとし」、または「連体形＋が＋ごとし」。いずれも必ずひっくり返るので、左下には返り点があるはず。
②の仮定形は、「如シ……バ」と必ず「バ」と呼応する。文（句）の頭にあるのがふつう。
③の「しく」は、「及ぶ」という意味。「如かず」とか「如くは無し」のように否定文で使われます。

「無レ如」の部分に「無レ若・莫レ如・莫レ若」

「若」が同じ使われ方をしていますね。

さて、「不」と「無」の違いがあるだけで、「AはBに如かず」とほとんど同じように見えますが、実はだいぶ違います。「AはBに如かず」は、「AよりBの方がいい」というようにAとBを比べていますが、この形は「Aに関してはBにまさるものはない」という、いわば**最上級の表現**なんです。

例文を読むと、「人の急にする所は、其の身に如《し》くは無《な》し」。「人間が大切にするものに関していえば、自分自身にまさるものはない」。つまり、人間は誰でも自分自身が一番大事なんだ、ということです。

最上級のパターンをもう二つ見ておきましょう。

比較形4

Aハ莫シレCナルハ二於Bヨリ一

AハBヨリCナルハなシ
（Aに関してはBよりCなものはない）

天下之水莫シレ大ナルハ二於海ヨリ一。

【訓読】天下《てんか》の水《みづ》、海《うみ》より大《だい》なるは莫《な》し。

【訳】天下の水に関しては、海よりも大きなものはない。

これは、**3と1の形が融合したような感じ**のいい方です。これも置き字の「於」を使ってますね。もちろん、「莫し」は、「無し」でも同じです。

「天下の水、海より大《だい》なるは莫《な》し」で、「天下の水に関しては、海よりも大きなものはない」。いいですね。

もう一つ、同じく最上級ですが「於」を用いない次のような形もあります。

●5 比較形

莫シレAナルハレ焉ヨリ

これヨリAナルハなシ
（これよりもAなものはない）

晋《しん》国ハ天下ニ莫シレ強ナルハレ焉これヨリ。

【訓読】晋国《しんこく》は天下《てんか》に焉《これ》より強《きやう》なるは莫《な》し。

【訳】晋の国は天下にこれより強いものはない。

一番下の**「焉《これ》」の読み方が大事**なので、覚えておきたいですね。「これよりAなるは莫《な》し」と読みます。送りがながあるから当然読むんですが、この**「焉」は文末にあれば置き字**であって読まない字でしたよね。強くいい切る形でした。文末なのに読むこともあるってことを、しっかり覚えておきましょう。

例文は、「晋の国は天下にこれより強いものはない」ということです。「焉《これ》より強《きやう》なるは莫《な》し」の「焉《これ》より」という読み方に注意ね。

同字異訓

焉

① **置き字**
文末で断言・強調の意を表す。

② **いづクンゾ……（や・ンや）**
疑問・反語の形。文頭にあることが多い。

③ **これ**（＝是・此・之・諸）

選択形 1

与リハレA寧ロB

Aよリハむしロ B
（A（する）よりはむしろB（する）ほうがよい）

喪《も》ハ与リハ二其ノ易《をさ》マラン一寧ロ戚《いた》メ。

【訓読】喪《も》は其《そ》の易《をさ》まらんよりは、寧《むし》ろ戚《いた》め。

【訳】葬儀は、形が整っていることよりは、むしろ死者を悼《いた》め。

これは選択形で、**AとBのどっちをとるか**ということですが、B、つまり**後のほうをとる**かっこうです。「Aよりはむしろ B」。読んだとおりの意味ですよね。つまり、この形は**「与」と「寧」が読めれば、意味はすぐわかる**んです。「Aよりはむしろ Bのほうがよい」ですからね。

「葬儀というものは、形が整っていることよりは、むしろ死者を悼《いた》め」。祭壇が豪華で立派だとかいうことより、その葬儀に集まっている人が亡くなった人を心から悼《いた》むかどうかが大事なことだ、ということ。それは当然そうですよね。

もう一つ、**「与リハレA不レ如カレB二」（AよリハBニしカず）**ということは、やっぱり「AよりはBのほうがよい」ってこと。例文を見ましょう。

選択形

与《リハ》ニ生《キテ》無《カラン》レ義、固《もとヨリ》不レ如《カ》レ烹《にラルルニ》。

【訓読】生《い》きて義《ぎ》無《な》からんよりは、固《もと》より烹《に》らるるに如《し》かず。

【訳】義のない生き方をするよりは、煮殺されたほうがました。

「生《い》きて義《ぎ》無《な》からんよりは、固《もと》より烹《に》らるるに如《し》かず」。「義」というのは、人間としてかくあるべき正しい道、正しいあり方のことです。だから、「生きていて義を欠いた生き方をするよりは、煮殺されたほうがましである」ということですね。煮殺すってのは、釜《かま》ゆでのこと。正しい道、節義を失ってまでおめおめと生きているよりは、ひとおもいに殺されるほうがましだ、と。

選択形 2

寧《ロ》A《ストモ》無《カレ》レB《スルコト》

むしロAストモBスルコトなカレ
（むしろAしてもBはするな）

寧《ロ》為《ルトモ》ニ鶏口《ト》一、無《カレ》レ為《ル》ニ牛後《ト》一。

【訓読】寧《むし》ろ鶏口《けいこう》と為《な》るとも、牛後《ぎゅうご》と為《な》る無《な》かれ。

【訳】むしろ鶏のくちばしにはなっても、牛の尻にはなるな。

三羽の特別講義

鶏口牛後

戦国時代は、「**戦国の七雄**」とよばれる七つの大国が争っていたんですが、いい方です。「むしろAしてもBはするな」ですからね。「寧《むし》ろ鶏口《けいこう》と為《な》るとも、牛後《ぎゅうご》と為《な》る無《な》かれ」。これはたいへん有名な例文です。このまま覚えましょう。直訳すれば、「むしろ鶏のくちばしにはなっても、牛の尻にはなるな」。要するに、小国であってもそこの王であることのほうが、大国の臣下になるよりもずっといいではないか、ということをいいたいんですね。小国を鶏、大国を牛にたとえているわけです。

また、「寧ロA不ストモレBセ」（むしロAストモBセず）も同じです。これも、Aのほうをとる形ですね。

選択形

寧ロ以テレ義ヲ死ストモ、不ニ苟《いやシクモ》幸《こひねがハ》レ生クルコトヲ。

【訓読】寧《むし》ろ義《ぎ》を以《もっ》て死《し》すとも、苟《いや》しくも生《い》くることを幸《こひねが》はず。

【訳】正義の為に死ぬことがあっても、かりにも生きることを乞い願ったりしない。

「正義の為に死ぬことがあっても、かりにも生きることを乞《こ》い願ったりはしない」、おめおめと命ごいをしたりしないということですね。これは、さっきの選択形1の二つめの例文と同じようなことをいってますね。1では後にいっているほうをとり、これは前にいっているほうをとる、ということです。

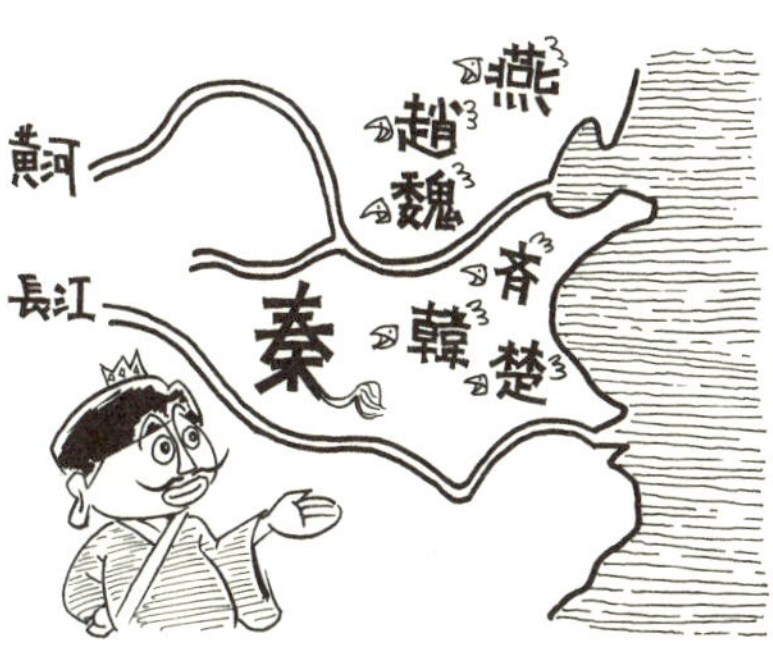

威に脅えていた。そこで、**蘇秦**《そしん》は、六国が手を結んで秦に対抗する「**合従**《がっしょう》**策**」、つまり六国の南北同盟（縦の同盟）を唱えるんです。蘇秦はこの六国同盟を成功させて、六つの国の大臣を兼任するという大出世をするわけですが、その過程で各国の王に同盟の利を説くときにこの「**鶏口牛後**」のたとえを出したんですね。

いっぽう**張儀**《ちょうぎ》は、秦と他の六つの国々を東西に連合させる「**連衡**《れんこう》**策**」を成功させました。あわせて「合従連衡」といわれているお話です。

●3 選択形

Aハ孰二与レゾBニ一

（AハBニいづレゾ）
（AはBに比べてどうか）

漢ハ孰二与レゾ我ノ大ナルニ一。

【訓読】漢《かん》は我《われ》の大《だい》なるにいづれぞ。

【訳】漢は我が国の大きさに比べてどうか。

これはめったに質問されることはないのですが、非常に珍しい形ではあるので、例文だけでも見ておきましょう。

「いづれぞ」と読むのは、もちろん上の「孰」。「与」は、添えてあるだけです。これは、「AはBに比べてどうか（当然Bでしょう）」という表現なんです。

例文は、「漢《かん》は我《われ》の大《だい》なるにいづれぞ」。「漢は我が国の大きさと比べてどうですか。当然、我が国のほうが大きいでしょうね」ということ。「夜郎自大《やろうじだい》」という成語のもとになっているお話です。

比較・選択形も、読みがわかれば意味がわからないということはないでしょう。それぞれの例文、しっかり見ておいてください。例文といっしょに覚える、これは鉄則ですからね。

故事成語

夜郎自大

西方の胡《えびす》の国のひとつ、夜郎《やろう》という国の王が、自分の国が一番大きいと思って、漢からの使者に「おたくの国は我が国ほどは大きくないでしょうな」といった話がもとになって、「世間知らず」な人間がいばっていることをいいます。「井の中の蛙」のような意味ですね。

第13講 抑揚形・累加形

抑揚形は、型にはまった表現で大事です。いかにも漢文らしい表現なので、ニュアンスをつかんでおこう。

抑揚形というのは、「AでさえBだ。ましてCであればなおさらBだ」というように、程度の低いものを最初にあげて強調する形。累加形も、抑揚形の親戚みたいなものです。順番はだいぶ後になったんですが、抑揚形は、いわゆる型にはまった表現で、たいへん重要です。

では、抑揚《よくよう》形からいきましょう。とにかく、「況んや……をや」という呼応のしかたが大事です。

●●● 抑揚形 1

Aスラ且ツB、況ンヤCヲ乎

Aスラかツ B、いはンヤCヲや
（AでさえBだ、ましてCであればなおさら（B）だ）

死馬スラ且ツ買フレ之ヲ、況ンヤ生ケル者ヲ乎。

【訓読】死馬《しば》すら且《か》つ之《これ》を買《か》ふ、況《いは》んや生《い》ける者《もの》をや。

【訳】死んだ馬でさえ買ったのだ、まして生きている馬であればなおさらだ。

「スラ」は類推の意ですから、「……でさえ」と訳す。つまり、「AでさえBである」。「且《カツ》」は「猶《なホ》・尚《なホ》」が用いられていても同じです。

さて、前半で「AでさえBだ」としておいて、後半で「況ンヤCヲや」。「ましてCであればなおさらだ」となります。「況ンヤ」ときたら最後にこの「ヲや」がいえるかどうかが大事です。抑揚形は、全体を傍線部にして出題するには長いんですね。で、前半と後半でどちらが質問されやすいかといえば、後半のほうです。「況んや……をや」ね。

全体の訳は、「AでさえBなのだから、ましてCであればなおさら（B）だ」。この「なおさらBだ」ということが、解釈の上では重要なんです。前半で程度の低いものを示しているわけですが、そのことによって何を強調しているのかをつかまなくてはいけませんよ。

例文は、「死馬《しば》すら且《か》つ之《これ》を買《か》ふ、況《いは》んや生《い》ける者《もの》をや」。読み方は、大丈夫ですか。意味は、「死んだ馬でさえ買うんだから、生きている馬ならなおさら買うだろう」となります。「隗《かい》より始《はじ》めよ」という言葉のもとになっているお話の一節です。

燕《えん》の昭《しょう》王が、優秀な人材探しを郭隗に相談した。郭隗《かくかい》は答えました。昔、ある国の王様が千里の馬（一日に千里も走る名馬）を買いにいかせたところ、家来は死んだ馬の骨を五百金も出して買ってきました。王様は怒りましたが家来は「死んだ馬の骨でさえ五百金で買ったんです。まして生きている千里の馬ならば、もっと高値で買うだろうと馬の持ち主は考えるでしょう。そのうち向こうから売り込みにきます」といった。一年もしないうちに三頭もの名馬が集まったそうです。

このあと郭隗は、「先《ま》づ隗より始めよ」、つまり「有能な人材がほしいとお思いなら、まず私からお始めになってみてはいかがでしょう」と昭王にいった。私を厚遇すれば、本物の有能な人材はその噂を聞いて自分から売り込みにくる、といいたいわけです。

さて、抑揚形にはもう一つ大事なパターンがあります。前半は一つめの形と同じですが、**後半に反語形がくる形**です。「安《いづ》クンゾ」のケースが多いので、それを例にあげますが、「安《いづ》くんぞ」でなくてもいい。反語形がくればいいんです。

●●● 抑揚形 2

A 且《スラ》ツ B、安《クンゾ》 C 乎

Aスラかツ B、いづクンゾCンや
（AでさえBなのだ、どうしてCなことがあろうか）

臣死《スラ》且《ツ》不《レ》避《ケ》、卮《し》酒安《クンゾ》足《ラン》レ辞《スルニ》。

【訓読】臣死《しんし》すら且《か》つ避《さ》けず、卮酒《ししゅ》安《いづ》くんぞ辞《じ》するに足《た》らん。

【訳】私は死ぬことさえ避けたりはしない、どうして大杯の酒を辞退しようか。

は、「ヲや」ではなくて「ンや」。**「安クンゾ」なんですから、「ンや」**です。反語の形を思い出してくださいよ。

「AでさえBなのだから、どうしてCすることがあろうか、いやCしない、当然Bだ」。形はちょっと違ってますけど、いいたいことは結局一つめの形と同じで、Bの部分を強調するんですね。

「臣」というのは、自分のことをへりくだっていう単語です。場面は有名な「**鴻門《こうもん》之会《のかい》**」です。後に天下を統一して漢の高祖とよばれることになる劉邦《りゅうほう》、当時は沛公《はいこう》とそのライバルである項羽《こうう》の会見ですね。

項羽《こうう》の部下が剣舞にかこつけて沛公の命を狙っていることを聞かされた樊噲《はんかい》、この人は人殺しなど朝めしまえという凄い豪傑《ごうけつ》で、沛公のボディーガードです。その樊噲がつかつかと宴会の席に入って行き、項羽の前に仁王立ちになって、あなたはどうしてそんなことをするのか！　みたいなことを大演説ぶつんです。

項羽もすっかりびっくりして、「凄《すご》い男だ。一杯飲むか」と。一杯といっても、すごくでかい杯です。そのとき樊噲がいうんですよ。私は死ぬことさえ避けたりはしない。要するに、死ぬことさえ恐れない人間だ。大杯の酒ぐらいどうして辞退しようか。いくらでも飲んでみせますぞと、立ったまま一気に飲みほすんです。

はい、いいでしょうか。

抑揚形 3

Aハ B、(而ルヲ) 況ンヤ Cヲ 乎

AハB、(しかルヲ)いはンヤCヲや
(AはBだ、ましてCであればなおさらBだ)

至ルマデ二於犬馬一ニ尽《ことごと》ク然《しか》ス、而ルヲ況ンヤ於イテレ人ニ乎。

【訓読】犬馬《けんば》に至《いた》るまで尽《ことごと》く然《しか》す、而《しか》るを況《いは》んや人《ひと》に於《お》いてをや。

【訳】犬や馬にいたるまで皆そうする、まして人間であればなおさらであろう。

これは、今までの二つのパターンのように、前半がピタッと決まってない。前半に、「すらかつ」とか「すらなほ」がないでしょう。しかし、前半に「まして……」をいうための前提となることがなんとなくあって、後半に「いはんや……をや」とくるスタイルです。

「而《しか》ルヲ」といういい方は、ほとんど無視してください。あえて訳せば「なのに」ですが、あっても無視！　「而」はいつもあるとは限りません。

「犬馬《けんば》に至《いた》るまで尽《ことごと》く然《しか》す、而《しか》るを況《いは》んや人に於《お》いてをや」。前半がきちっと型にはまってませんが要するに同じことで、とにかく「況ンヤ……ヲや」が大事なんです。

どの頻度ではありません。

累加形 1

非ズ二唯ダニA一ノミニB

たダニAノミニあらズB
（ただAなだけでなく、B）

非ズシテ二徒ダニ無キノミニレ益而又害スレ之ヲ。

【訓読】徒《た》だに益《えき》無《な》きのみに非《あら》ずして、又之《またこれ》を害《がい》す。

【訳】ただ益がないというだけでなく、害まで与えている。

「唯《た》だ……のみ」という限定形に否定形がからんでいる形で、「不二唯ダニA一ノミナラB」（ただにAのみならずB）といういい方もあります。「ただ」は「唯・惟・但・只・徒・直」などいろいろあります。

「徒《た》だに益《えき》無きのみに非ずして、又之《またこれ》を害《がい》す」。「非」に返るときは、「……にあらず」でしたね。「のみ」の前は体言か連体形になるので、「無きのみ」です。

意味は、「ただ益が無いというだけでなく、それ以上に害まで与えている」ということ。『孟子』にある「助長《じょちょう》」というお話の一節です。

また、「唯」の代わりに「独」を使っても同じです。「不二独リA一ノミナラB」や「非ズ二独リA一ノミニB」という形になります。

《故事成語》

助長

宋《そう》の国の人で、植えた苗がなかなか伸びないのを見て、伸ばそうとして引っぱり、苗を枯らしてしまった人がいたという話。

もともとは「急に伸ばそうとしてかえってダメにしてしまうこと」の意味ですが、今では「成長・発展のために力を添えること」の意味で使います。

累加形

不㆓独リ漢朝㆒ノミナラ今モ亦《また》有リ。

【訓読】独《ひと》り漢朝《かんてう》のみならず、今《いま》も亦《また》有《あ》り。

【訳】ただ漢の時代にあっただけでなく、今もまたある。

「不㆓独リA㆒ノミナラB」という形です。「ただ漢の時代にあっただけでなく、今もまたある」。いいですね。「独《ひと》り」を使っても、意味は同じ。

次は、**否定形の代わりに反語形がからんでいる形**です。

累加形 2

豈ニ唯ダニAノミナランヤB

あニたダニAノミナランヤB
（どうしてただAなだけであろうか、さらにBである）

豈ニ唯ダニ怠ルノミナランヤレ之ヲ、又従ヒテ而盗ムレ之ヲ。

【訓読】豈《あ》に唯《た》だに之《これ》を怠《おこた》るのみならんや、又従《またしたが》ひて之《これ》を盗《ぬす》む。

【訳】どうしてただこれを怠るだけだろうか、いやそれ以上に盗んでさえいる。

韓愈《かんゆ》と並んで**唐宋八大家**とよばれる有名な文章家である柳宗元《りゅうそうげん》が、役人として赴

同訓異字

また（まタ）

又　さらに、その上また
亦　…もまた
復・還　再び、もう一度

文学史

唐宋八大家

文章は美しさではなく内容が大切だとする「**古文復興運動**」を唱えてそれを実践した、唐の韓愈《かんゆ》・柳宗元・宋の欧《おう》陽脩《ようしゅう》・王安石《おうあんせき》・蘇洵《そじゅん》・蘇軾《そしょく》・蘇轍《そてつ》・曽鞏《そうきょう》の八人の文章家のことを「唐宋八大家」といいます。

「**古文**」というのは春秋戦国や前漢の

といってるんです。役人というのは、国民が税金を出して雇っているわけですよね。ですから役人は公僕であって、国民のために働くのが当たり前なんです。ところが、今どきの役人はただ人民のためにやるべき仕事を怠けているだけじゃない、厳しい租税《そぜい》の取り立てとか、賄賂《わいろ》を受け取るとかして、人民から盗んでさえいるといってるわけです。

この形でも、「唯」のかわりに「独《リ》」も使います。また、「豈《ニ》」ではなく「何《ゾ》」を用いて「何《ゾ》独《リ》A《ノミナランヤ》(B)」(何ゾ独リAノミナランヤ)でも同じ。

累加形

故郷何《ゾ》独《リ》在《ルノミナランヤ》二長安《ニ》一。

【訓読】故郷《こきやう》何ぞ独《ひと》り長安《ちやうあん》に在《あ》るのみならんや。

【訳】故郷はどうしてただ長安にあるだけであろうか、いやここもまた故郷である。

白居易の「香炉峰《こうろほう》下《か》新《あら》たに山居《さんきょ》を卜《ぼく》し、草堂《そうどう》初《はじ》めて成《な》り偶々《たまたま》東壁《とうへき》に題《だい》す」という長い題のついた七言律詩からの例文です。

「故郷何《なん》ぞ独《ひと》り長安に在《あ》るのみならんや」。故郷はどうしてただ長安にあるだけであろうか。当時、白居易は左遷《させん》された身分だったんです。そんな身の彼が、住んでみればここもいい土地だ、ここもまた故郷だといってるんですね。

三羽の特別講義

香炉峰の雪は簾《すだれ》をかかげて看る

この詩には「**香炉峰の雪は簾をかかげて看る**」という有名な一節があります。『枕草子』で、ある雪の朝、格子蔀《こうしじとみ》がおりているので、中宮様が「少納言よ、香炉峰の雪いかならむ」ってお聞きになる。あ、雪景色をごらんになりたいんだな、ってことは皆ピンとくるし、白居易の詩の一節だってことも並の教養の持ち主ならすぐわかるわけです。ところが、清少納言は他の女房に蔀をあげさせて、自分は中宮様の御前にある簾《すだれ》をかかげてみせたんですね。中宮様は、さすが少納言ね、ってお笑いになった。たいへん有名なお話です。白居易の詩は平安時代の貴族たちには必須の教養としてよく読まれました。例文はその詩の最後の部分です。

練習問題をやってみよう

さて、ここで少し練習問題やっておきましょう。すべて送りがなもついてますから、要するに訳し方の練習ね。

練習問題 3min

次の各文を口語訳せよ。

(1) 天地《スラ》尚《ホ》不レ能《ハ》レ久《シクスル》、而《ルヲ》況《ンヤ》於レ《イテヲ》人《ニ》乎。

【　　】

(2) 布《ふ》衣《い》之交《リスラ》尚《ホ》不二相欺《あざむカ》一、況《ンヤ》大国《ヲ》乎。

【　　】

(3) 禽獣《スラ》且《ツ》知《ル》レ恩《ヲ》、人安《クンゾ》不《ラン》レ知《ラ》レ恩《ヲ》哉。

【　　】

(4) 非《ズ》三独《リ》賢者《ノミ》有《ルニ》二是《この》心一、人皆有《リ》レ之《これ》。

【　　】

解答

(1) 天地尚不能久、而況於人乎。

【天地でさえ永遠であることはできない。まして人間はなおさらだ。】

「天地すら尚《な》ほ久《ひさ》しくする能《あた》はず、而《しか》るを況《いは》んや人に於《お》いてをや」。「久し」は時の経過の長いこと。ここでは、「永遠」くらいの意味でしょうか。**「而《しか》るを」は口語訳の上では無視**していいんでした。

天地でさえ永遠であることはできないのだから、まして人間においてはなおさらのこと永遠であり続けることはできないってことですね。**なおさらBだ、の部分が大事**なんでした。

解答

(2) 布《ふ》衣《い》之交尚不相欺《あざむ》、況大国乎。

【庶民のつきあいでさえ人を欺いたりはしない。まして大国同士のつきあいはなおさらだ。】

「布衣《ふい》の交《まじは》りすら尚《な》ほ相欺《あひあざむ》かず、況《いは》んや大国《たいこく》をや」。「布衣《ふい》」は、官位のないふつうの人、庶民のこと。麻の衣服を着てる人のことで、庶民は絹《きぬ》なんか着られませんからね。「布衣」は、大事な単語ですよ。

庶民のつきあいでさえ、人を欺《あざむ》いたりはしない。まして大国同士のつきあいならば、なおさら欺いたりはしない。信義にそむいたりはしないってことですね。

重要語

布衣
平民。無位無冠の者のこと。＝庶民

解答

(3) 禽獣スラ且ツ知ル㆑恩ヲ、人安クンゾ不ラン㆑知ラ㆑恩ヲ哉。

【鳥や獣でさえ恩を知っている、人間がどうして恩を知らないことがあろうか。】

「禽獣《きんじう》すら且《か》つ恩《おん》を知る、人安《いづ》くんぞ恩を知らざらんや」。「**禽獣《きんじゅう》**」は鳥やけものね。ワシみたいな鳥のことを猛禽《もうきん》類っていうでしょ。

さて、これは**後半が反語形**ですね。「人間がどうして恩を知らないことがあろうか」。人間であれば当然恩を知っている、ってことですね。

解答

(4) 非ズ㆔独リ賢者ノミ有ルニ㆓是ノ心㆒、人皆有リ㆑之《これ》。

【ただ賢者にだけこの心があるのではなく、人間は誰にでも皆ある。】

「独《ひと》り賢者《けんじゃ》のみ是《こ》の心《こころ》有るに非《あら》ず、人皆之《みなこれ》有り」。はい、これは抑揚形じゃなくて**累加《るいか》形**でした。「ただ……だけでなく……」ね。

「ただ賢者にだけこの心があるのではなく、人間には誰にでも皆この心がある」。

出典は『孟子』で、「是《こ》の心」は「仁義の心」のこと。人間には皆、生来この仁義の心がある、孟子はこのあといいことといってます。「賢者はよく喪《うしな》ふなきのみ」、賢者はそれを失わないことができる人間なのだってね。みんな失ってゆくわけですが…。

第14講　比況形

今日の目標

比況形のポイントは、とにかく「……のごとし」なのか「……がごとし」なのかということです。

はい、こんにちは。勉強のペースは順調に進んでますか。まずは基礎に徹することね。わかるための「もと」が頭におさまらないと、問題やってもムダですよ。
比況形とは古文の助動詞「ごとし」にあたるもので「……のようだ」「……と同じだ」というように訳します。

比況というと何か特別な感じがしますが、古文の「ごとし」という助動詞です。
ポイントは「ごとし」への返り方だけですから、簡単です。
では、さっそくいきます。

比況形 1

如シ二……ノ(ガ)一

……ノ(ガ)ごとシ
(……のようだ・……と同じだ)

君子之交リハ淡キコト若シレ水ノ。

【訓読】君子《くんし》の交《まじは》りは淡《あは》きこと水《みづ》のごとし。
【訳】君子の交際は、淡いことといったら水のようだ。

どういうわけか、この「如《ごと》し」という字は、助動詞なのに参考書やなんかでも漢

字のまま書き下し文になってることが多いですね。しかし、基本的には助動詞にて
らがなにするわけですから、ひらがなにする習慣はつけておきましょう。

比況形は、この「如《ごとシ》二……ノ(ガ)一」の形だけです。これは必ず返ってくる**返読文字**で、ポイントは「……ノごとシ」とひっくり返ってくるか、「……ガごとシ」とひっくり返ってくるか。それだけです。

前に再読文字で「なホ……ごとシ」というのがあったよね。あそこで簡単には説明したんですけど覚えてますか？　**体言、つまり名詞からひっくり返る場合は「……ノごとシ」、活用語の場合は連体形に「ガ」をつけて「……ガごとシ」**になるんでした。たとえば、名詞であれば「山のごとし」のように「ノ」になる。それから、「猶」の例文のように「猶《な》ほ及ばざるがごとし」だと、「ざる」は活用語「ず」の連体形ですから「ガ」です。「ノ」か「ガ」か、自分でつけられるようにしてください。

「**如**」という字以外にも、例文の中にあるように、「**若**」という字も使います。この二つの字に共通点が多いことは、前にもいいましたね。

例文いきます。「君子の交《まじは》りは淡《あは》きこと水のごとし」。これはもう、日本語のいわゆることわざみたいなものとしても、たいへん有名になっている文句です。

「**君子**《くんし》」はいいですね。口語訳をする場合には、そのまま。何のことかと説明を求められれば、人格的に優れた人とか、人の上に立って政治をする人とかになるわけです。反対語は「**小人**《しょうじん》」でしたね。

とにかく、「……のごとし」なのか「……がごとし」なのかが大事。

君子のつきあいというものは水のようにさらりとしている、あっさりしている、ということをいいたいんです。だけども、深いところでは友情というんでしょうか、結びつきはしっかりある、それが大事なわけですが。

「君子の」とあると、いかにも『論語』や『孟子』といった儒家が出典のように見えますが、実は『荘子』が出典なんです。道家《どうか》なんですね。

これは、「小人《せうじん》の交《まじは》りは甘《あま》きこと醴《れい》のごとし」というのと対句になっています。「醴」というのは甘酒《あまざけ》のこと。二つ並べてみれば、いいたいことがよりわかりますね。

君子のつきあいというものは、水のようにさらりとしている。それに対して小人、つまり、つまらない人間のつきあいは、甘酒のようにベタベタしている、と。

●2 比況形

譬《ヘバ》如《シ》ニ……ノ(ガ)一　たとへバ……ノ(ガ)ごとシ
(たとえてみると……のようなものだ)

譬《たとへバ》如《シ》レ為《つくルガ》レ山《ヲ》。
【訓読】譬《たと》へば山《やま》を為《つく》るがごとし。
【訳】たとえば、山をつくるようなものだ。

「たとへバ」と読めさえすれば、別に意味はどうってことありませんよね。

同じように、「猶《ホ》如《シ》ニ……ノ(ガ)一」といういい方もあります。意味は「ちょうど……のようだ」。「猶」という字だけでも、「猶ほ……のごとし」と読む再読文字ですが、「如《ごとシ》」

で、もう一回「ごとし」と読むことはしないんですね。

例文は、「譬《たと》へば山を為《つく》るがごとし」。このあとに、「未《いま》だ成《な》らざること一簣《いっき》なるも、止《や》むは吾《わ》が止《や》むなり」と続きます。「簣《き》」というのは、土を入れたりして天秤棒《てんびん》で担いで運ぶ、竹で編んだ籠《かご》のようなもののことです。

何をいいたいかわかりますか？　また堅い話になりますが、学問のことをいってるんです。学問というものは、たとえば山をつくるようなものだ。まだできあがらないことがあと土一籠《ひとかご》分であっても、やめたのは自分がやめたのである。つまり、成就《じょうじゅ》しないうちにやめてしまったのでは何にもならない。根気よく、きっちり最後までやることが大事なんですね。完成するところまであと少しだったといっても、やめたのは誰のせいでもない、自分がやめたのである、ということなんです。

これも、『論語』の中の文句です。荀子《じゅんし》なんかも、「学《がく》は以《もっ》て已《や》むべからず＝学問は途中でやめてはいけない」っていってます。ただ学問というものは、どこまでやったら完成ってものじゃない。そこが難しいんですね。

『論語』っていうのは、本当に立派な本ですよ。いくつの頃に初めて読んでも必ずためになる本です。いつか読んでみてください。原典がつらい人は下村湖人《しもむらこじん》の『論語物語』。これは、本当にいい本ですよ。

練習問題をやってみよう

練習問題 3min

次の傍線部を書き下し文にし、口語訳せよ。

(1) 士ノ処《を》ルハレ世ニ 若三錐《きり》処二嚢《なう》中一。（嚢《のう》中＝ふくろの中）

（　　　　）

【　　　　】

(2) 富貴ニシテ不レ帰ルハ二故郷一ニ、如二衣レ繡夜行一ラ。（繡《しゅう》＝錦《にしき》の着物）

（　　　　）

【　　　　】

(3) 其ノ疾《はや》キコト如レ風ノ、其ノ徐《しづ》カナルコト如レ林ノ、侵掠スルコト如レ火ノ、不レ動如レ山。

（　　　　）

【　　　　】

解答

(1) 士ノ処《を》ルハ㆑世ニ若シ㆔錐ノ処ルガ㆓嚢中㆒ニ。

（錐《きり》の嚢《なう》中に処《を》るがごとし。）

【錐が袋の中にあるようなものである。】

「士《し》の世《よ》に処《を》るは」。この場合の「士」というのは、有能な人材というくらいの意味でとらえておいてください。「有能な人材がこの世にいるのは」となります。

「士の世に処るは」といういい方が上にあるわけですから、「錐《きり》処㆓嚢中㆒」は「錐の嚢《なう》中に処《を》る」と、同じように読めばいいですね。で、この「処《を》る」から「若《ごと》し」へいくわけです。

「をる」はラ変、「あり・をり・はべり」の「をり」。**活用語から返る場合は、「連体形＋が＋ごとし」**でしたね。ラ変の活用は、「ら・り・り・る・れ・れ」。連体形ですから「処《を》るがごとし」ね。はい、「錐《きり》の嚢《なう》中に処《を》るがごとし」になります。

錐というのは、穴をあけたりするとがったやつです。「有能な人材がこの世にいるのは、錐が袋の中にあるようなものである」。袋の中にとがった錐が入っていれば、先っぽが布を突き抜けて出ますよね。あ、錐があるな、とわかる。つまり、本当に有能な人物、才能のある人物は、必ず頭角《とうかく》をあらわすものだといっているわけです。

戦国時代に趙《ちょう》の平原君《へいげんくん》に仕えた毛遂《もうすい》という人物のエピソードがもとです。

この言葉、僕は好きですね。自分は錐なのかといわれると、そこまで自信はない

けど、でも「嚢中《のうちゅう》の錐《きり》」でありたいなぁと思うんですね。どんな世界で生きていても、その袋の中で石っころやジャガイモではありたくない。だいたいが、光ってる人はどこに置いても光ってるし、くすんでるやつはどこに置いてもくすんでるものです。本当に力のある人間なら、何か見えるものです。

人間は外面が大事ですよ。内面なんてよくてふつうなんです。外見じゃありませんよ、外面。いいもの持ってるんなら、それが見えなくちゃね。自分の持っているものを外面にあらわせるかどうかが勝負なんです。どんな袋の中にいても、錐でありたいですよね。

解答

(2) 富貴ニシテ不ルハレ帰ラ二故郷ニ一、如シ二衣テレ繍ヲ夜行クガ一。

（繍《しう》を衣《き》て、夜行《よるゆ》くがごとし。）

【錦の着物を着て夜歩くようなものだ。】

「富貴《ふうき》にして故郷《こきやう》に帰《かへ》らざるは」、ここはいいよね。で、その後を読むんですが、もちろん「如」が「ごとし」ですね。

「衣」は、ちょっと難しいかもしれませんが、実は動詞として読んでるんです。「着」と同じなんですね。「繍《しう》」は注がついてます。錦の着物って、豪華な縫《ぬ》いとりなどがしてある、きらびやかな着物です。で、「繍」から「衣」へは「繍《しう》を衣《き》て」、とこうなります。まだ下へいくから、連用形プラス接続助詞の「て」。

に読んでもしょうがないですが、本当は「夜行く《よるゆ》」というふうに読みたいんです。「行く」は四段活用ですから、**連体形に「が」をつけて**「行くがごとし」ね。

ある人が**項羽**《こうう》に、かつての秦《しん》の本拠地である関中の地で天下統一をしたほうがいいと進言したんです。関中は非常にいい場所なんです。ところが項羽は攻め込んだときに咸陽《かんよう》の都を焼け野原にしてしまった。それに項羽は、長江下流の風光明媚《めいび》な土地で生まれ育った人間なんですね。彼はこういったんです。「富貴《ふうき》にして故郷《こきやう》に帰《かへ》らざるは、繡《しう》を衣《き》て夜行く《よるゆ》がごとし」と。

せっかく富貴になっても故郷に帰らないのは、錦の着物を着て夜歩いているようなものではないか。美しい着物を見て感心してくれる人がいないではないか、と。つまり、せっかく出世をして天下を握るところまできたのに、この晴れ姿を故郷の人たち、要するに自分を知っている人たちに知ってもらいたいではないか、ということをいったわけです。故郷に錦を飾りたかったんでしょうね。

解答

(3) 其ノ疾《はや》キコト如レク風ノ、其ノ徐《しづ》カナルコト如レク林ノ、侵掠スルコト如レク火ノ、
不ルコト レ動カ 如レシ山ノ。

(**動**《うご》**かざること山**《やま》**のごとし。**)

【動かない様子は、まるで山のようだ。】

これは、武田信玄《たけだしんげん》のあの有名な「風林火山《ふうりんかざん》」の旗の文句ですね。「風林火山」の旗って「風林火山」って四文字書いてあるんじゃありませんよ。この『孫子《そんし》』の兵法の一節が書いてあるんですよ。

「其《そ》の疾《はや》きこと風《かぜ》のごとく、其《そ》の徐《しづ》かなること林《はやし》のごとく、侵掠《しんりゃく》すること火《ひ》のごとく」。最後も同じように読めばいいわけですから、「動《うご》かざること」。そのあとは名詞から返るんだから、「山のごとし」。全体で、「動《うご》かざること山《やま》のごとし」ね。

大きな軍隊を動かしていく場合、こちらに勝機《しょうき》があると見たときには、風のように素早く行動し、ということですね。つまり、「その早いことといったら風のようであり」。それから、今は動くべきでないときはじっと軍隊をとどめておく、「その静かなことといったらまるで林のようであり」。で、いったん相手を攻略するとなったら「侵略を始めるやいなや火のごとくなめ尽くし」。そして陣営全体が堂々として動かないようすを、「動かざること山のごとし」である、と。

はい、以上で比況形のところは終わりにします。次講で、いよいよこの講義も最後になります。最後まで気を抜かずに、しっかりやっていこう。

文学史

『孫子』の兵法

戦国時代の兵法家孫臏《そんぴん》の書。孫子は龐涓《ほうけん》という人物の策略で両足を切断する刑（＝臏）を受けたんですが、後に斉の軍師となって兵法を駆使して復讐をとげました。

また、春秋時代の兵法家孫武《そんぶ》の書をもいいます。孫臏は孫武の子孫という説もあります。

第15講 願望形・限定形・詠嘆形

さあ、いよいよ最後になりましたね。願望形・限定形・詠嘆形。ここまでできれば、満点です。

漢文の訓読と重要句法の講義も最終回になりました。今までやってきたことは、大丈夫ですか。できるだけ例文ごと覚えて、繰り返し頭に入れるようにしてくださいね。今日は、残りの願望形、限定形、詠嘆形を一気にやっていきましょう。

1 願望形

願望形は、「どうか……させてください」という**自分の願望なのか**、「どうか……してください」という**相手への願望なのか**。この違いがわかればいいんです。文末が「ン」なのか命令形なのかで区別します。

請フ……ン
こフ……ン
（どうか……させてください）

請フ以テレ剣ヲ舞ハン。

【訓読】請《こ》ふ、剣《けん》を以《もっ》て舞《ま》はん。
【訳】どうか私に剣舞をさせてください。

この形は、どちらですか？ **自分の願望**ですね。「（自分に）どうか……させてください」という場合は、文末が「……ン」となります。

願望形では、自分の願望なのか、相手への願望なのかの違いに注意。

はくは……」っていい方は、他の二つに比べて少し丁寧な感じになりますね。

じゃ、例文を見てみますよ。読みは「請《こ》ふ、剣《けん》を以《もつ》て舞《ま》はん」。文末が「ン」ですから自分の願望ね。意味は、「どうか私に剣舞をやらせてください」。

では逆に、**相手への願望**のパターンを見ましょう。**「どうか……してください」のようになる場合は、文末が命令形**になります。

やはり、「請《こ》ふ……」「願《ねが》はくは……」「庶《こひねが》はくは……」という三つのパターンがあるのですが、今度は、「願はくは……」で見てみましょう。

2 願望形

願《ハクハ》……セヨ

ねがハクハ……セヨ
（どうか……してください）

願《ハクハ》大王急《ギ》渡《レ》。


【訓読】願《ねが》はくは、大王《だいわう》、急《いそ》ぎ渡《わた》れ。

【訳】どうか大王様、急いでお渡りください。


「願《ねが》はくは、大王、急ぎ渡れ」。これは**文末が命令形**ですね。サ変で代表させると、「……せよ」ということになります。

「どうか大王様、急いでお渡りください」。項羽が長江のほとりの烏江《うこう》という所ま

プラスα

「**請**」は「**乞**」でも同じ。

「**願**」は「**幸**」でも同じ。

「こひねがハクハ」は「請ふ」と「願はくは」をいっしょにしたような、より丁寧な表現で、「**庶**」以外に「**冀**」や「**幾**」「**庶幾**」も用います。

で逃げてきたとき、船を用意して待っていてくれた宿場の長《おさ》が、項羽に向かっていうセリフです。

次、**限定形**にいきます。限定形には、**文末に「耳」や「已」「爾」などの「……のみ」と読む字を用いる形**と、**文頭に「唯《たダ》」「独《ひとリ》」「僅《わづカニ》」などを用いる形**があります。

まず、文末の字を「のみ」と読む形から。

限定形 1

……耳
(……のみ)
(……だけだ・……にすぎない)

楚人ハ沐《もっ》猴《こう》ニシテ而冠スル耳。

【訓読】楚《そ》人《ひと》は沐猴《もっこう》にして冠《くわん》するのみ。
【訳】楚の国の人間は猿が冠をかぶっているだけだ。

文末の「のみ」は必ずひらがなにしますよ。「のみ」と読む字は、たくさんあります。「**已・爾・而已・也已・而已矣・也已矣**」。これらは、読めればよし。

例文にいきます。「楚《そ》人《ひと》は沐猴《もっこう》にして冠《くわん》するのみ」。意味は、「楚の国の人間は、猿が冠をかぶっているだけだ」。

「……なだけだ」「……に過ぎない」といういい方ですね。これは、比況形の練習

同訓異字

のみ
耳・已・爾・而已・也已・而已矣・也已矣

せっかく進言したのにそういわれて、その人は「楚の国の人間はサルだ」とバカにしたわけですよね。「楚の国の人間」って、この場合項羽のことですよ。項羽は激怒してその人を釜《かま》ゆでにしちゃうんですが。

文末に「のみ」がある例文を、もう一つやっておきましょう。

限定形

夫子之《の》道《ハ》忠恕而已矣。

【訓読】夫子《ふうし》の道《みち》は忠恕《ちゆうじよ》のみ。

【訳】先生の道は、まごころと思いやりなのだ。

「**夫子**《ふうし》」は、先生の意味ですね。ここでは孔子のことをいっています。

ところで、「**先生**」という語は年長者のことですよ。「先生」の反対語は、「**後生**《こうせい》」。後から生まれた人、若者ということ。『論語』の中に、「後生《こうせい》畏《おそ》るべし」という有名な文句があります。若者は畏敬すべきものだ、若者をばかにしてはいけないって意味ですね。

さて、「夫子の道は忠恕のみ」ですが、「**忠**」はまごころ、「**恕**」は思いやり。「忠＋恕＝仁」といってもいいと思います。

これは孔子の弟子の**曽子**《そうし》、この人は孔子の弟子の中では晩年の弟子、世代の若い

同字異訓

已

①**すでニ**（＝既）
②**すでニシテ**　やがて、まもなく
③**やム**（＝止）
④**のみ**（＝耳・爾）　限定
⑤**はなはダ**（＝甚・太）

重要語

夫子
先生、あなた。『論語』の中では必ず孔子のことをさします。

先生
年長者。先に生まれた人。（＝**長者**。↔**後生**）先生および敬称として用いることもあります。

弟子ですが、孔子が亡くなったあと中心的な存在になっていく重要な人です。その曽子が仲間たちにいった言葉です。先生の道は忠と恕、つまり、まごころと思いやりだ。

ところで、この「のみ」は基本的には限定ですが、この例文のように**強調・断言**という感じで訳すほうがいいこともあります。

今度は、**文頭で「ただ……（のみ）」**と限定を表す形。

限定形 2

唯ダ……ノミ

たダ……ノミ（ただ……だけだ・……にすぎない）

直ダ不ル二百歩一ナラ耳。

【訓読】直《た》だ百歩《ひゃっぽ》ならざるのみ。

【訳】ただ百歩でないだけだ。

「唯」が文頭にあると、「のみ」と呼応します。「のみ」と読む字が文末にある場合と、そうでない場合がありますが、ない場合には送りがなで「ノミ」とふります。

「ただ」と読む字には、「**惟・只・但・徒・直・特・祇**」もあります。例文では、「直」を使ってますね。

例文は、「直《た》だ百歩《ひゃっぽ》ならざるのみ」。これは、「直……耳」とセットになってますね。

同訓異字

ただ
唯・惟・只・但・徒・直・特・祇

「ただ百歩でないだけだ」

「五十歩百歩《ごじっぽひゃっぽ》」という故事を習ったことありませんか？　戦争で怖くなって逃げ出した兵がいたんです。ある者は五十歩逃げて止まった。またある者は百歩逃げて止まった。そのとき、五十歩の男が百歩逃げた男を「臆病者《おくびょうもの》め」と笑った。

これは『孟子』に出てくるんですが、さて、孟子はそこで王様にいいました。「今の話をどう思われますか」。王様はいいました。「それはいかん。ただ百歩でないだけで、その男も逃げたことに変わりはない」とね。

だから「五十歩百歩」ってのは「どっちもどっち」ってことね。どっちもまずい場合に使うんですよ。

3 限定形

独リ……ノミ　ひとり……ノミ（ただ……だけだ）

今独リ臣ノミ有リレ船。

【訓読】今独《いまひと》り臣《しん》のみ船《ふね》有《あ》り。

【訳】今私だけが船を持っています。

これは、「唯《タダ》」の代わりに、「独《ひとり》」があるということですね。「僅《わづカニ》」というのも同じです。これも読めればいいです。

【故事成語】

五十歩百歩

「どっちもどっち」「似たりよったり」などの意。少しの違いがあるだけで、どちらもまずいことに変わりがないという場合に用います。

「今独《ひと》り臣《しん》のみ船有り」。「今私だけが船を持っています」。何度も出てきている烏《う》江亭《こうてい》の場面です。

「僅《カニ》……」の例文も見ましょうか。

限定形

生《キテ》還《ル》者僅《カニ》三人而已。

【訓読】生《い》きて還《かへ》る者《もの》、僅《わづ》かに三人《さんにん》のみ。

【訳】生きて帰った者は、わずか三人だけだった。

「生きて帰った者は、わずか三人だけだった」ですね。読めれば意味は大丈夫ですよね。

さて、いよいよ最後、詠嘆形です。

詠嘆形 1

……矣

……かな
（……だなあ・……なことよ）

逝《ゆク》者《ハ》如《キ》レ斯《かクノ》夫。

【訓読】逝《ゆ》く者《もの》は斯《か》くのごときかな。

【訳】流れゆくものはみなこのようなものよなあ。

まず文末に「かな」と読む字を用いる形から。これは読みかたできればいいです。

「矣・夫・哉・与・乎・也」などの字を使いますが、「矣」と「夫」、この二文字が読みの出題も多く、大事です。もちろん、ひらがなにしますよ。

例文は、「川上《せんじょう》の嘆《たん》」といわれている有名な文章です。孔子があるとき川のほとりにたたずんで、流れを見つめながらつぶやいた。「流れゆくものはみなこのようなものよなあ」。このあとに、「昼も夜もとどまることがない」と続くんです。

「如《シ》レ斯《クノ》」も大事でしたね。「如レ此・如レ是・若レ是・若レ此」、みんな「かくのごとし」ね。

『方丈記《ほうじょうき》』の「ゆく河の流れは絶えずして、しかももとの水にあらず」という有名な冒頭文のもとになっている文といわれています。

2 詠嘆形

嗚呼……（矣）

ああ……かな

（ああ……だなあ）

嗚呼哀《シイ》哉。

【訓読】ああ、哀しいかな。

【訳】ああ、悲しいなあ。

次に、文頭に「ああ」と読む字を用いる形ですが、「ああ」も読みができればよろしい。「嗚呼」以外にも、「嗟呼・吁嗟・嗟乎・嗚乎・于嗟・嗟于・噫・唉・嘻・噫嘻・吁戯」などの字を当てはめます。

「ああ」は感動詞ですから、ひらがなにする必要はありませんが、ふだん使わない字で変な感じがするようでしたら、ひらがなにしてもかまいません。

例文では、文頭の「ああ」に加えて、文末に先ほどの「かな」がありますね。読みは「ああ、哀しいかな」、訳は「ああ、悲しいなあ」。簡単ですね。

さて、詠嘆形は、これから先のほうが、むしろ大切です。**見かけ上は疑問や反語の形で実は詠嘆形になる、というパターン**で、これは入試問題には非常によく出ます！　これはしっかり覚えてください。

3 詠嘆形

何ゾ……也
なんゾ……や
（なんと……なことよ）

何ゾ楚人之《の》多キ也。


【訓読】何《なん》ぞ楚人《そひと》の多《おほ》きや。

【訳】なんと楚の人間の多いことよ。


「何《なん》ぞ楚人《そひと》の多《おほ》きや」。**形としては疑問形**ですよね。だから直訳すれば「なんで楚の人間がこんなに多いのか」になりますが、**実質的には詠嘆**なんです。

この例文は、例の「**四面楚歌**《しめんそか》」の場面です。項羽がまわり中を敵に囲まれたとき、

一見、疑問・反語の詠嘆形はものすごくよく出る！

敵の中に、大勢の楚の人間が入っているということです。昔はテレビもＣＤもないんですから、楚の国の民謡は楚の国の人間しか知らないでしょ。それで、項羽は愕《がく》然《ぜん》とします。そのときに、「何ぞ楚人《そひと》の多きや」とつぶやくんですね。
つまり、疑問形といっても、誰かにたずねているというんじゃなくて、自問自答して、「なんでこんなに楚の人間が多いんだ！」と、驚いているという雰囲気です。
したがって、「なんと楚の人間の多いことよ」と、嘆いている感じに訳します。

●●●詠嘆形4

豈ニ不ニ……一哉　あニ……ずや（なんと……ではないか）

豈ニ不レ悲シカラ哉。

【訓読】豈《あ》に悲《かな》しからずや。

【訳】なんと悲しいことではないか。

「豈……哉」は、本来は反語ですね。反語として読むならば「豈《あ》に悲《かな》しからざらんや」と読むべきなんですが、詠嘆形で読む場合は「豈に悲《かな》しからずや」。「ン」はいらないんですね。
反語形の訳は「どうして悲しくないことがあろうか」ですが、当然「いやあ悲しい」という意味が含まれている。詠嘆形では、その「いやあ悲しい」のほうを訳と

プラスα

豈ニ非ズニ……ニ一哉

上の詠嘆形は「不」のかわりに「非」を用いても同じです。この場合も「非ざらんや」でなく「豈に……に非ずや」と読んで、意味は「なんと……ではないか」になります。

豈ニ非ズレ可キレ惜シム哉
（豈に惜しむべきに非ずや）
【なんともったいないことではないか】

してとるんですね。そこで、「なんと悲しいことではないか」となります。

5 詠嘆形

不ニ亦……一乎
また……ずや
（なんと……ではないか）

学ビテ而時ニ習フレ之ヲ、不ニ亦説《よろこ》バシカラ一乎。

【訓読】学《まな》びて時《とき》に之《これ》を習《なら》ふ、亦説《またよろこ》ばしからずや。
【訳】教わったことを折にふれて復習する、なんと喜ばしいことではないか。

有名な『論語』の冒頭文です。第2講でもやりましたね。

「学《まな》びて時《とき》に之《これ》を習《なら》ふ、亦説《またよろこ》ばしからずや」。これも本来は反語形で、「亦説ばしからざらんや」、つまり「どうして喜ばしくないことがあろうか」なわけですが、「いやあ、喜ばしい」のほうをとるんですね。だから、これも「亦説ばしからずや」と読んで「教わったことを折にふれて復習する、なんと喜ばしいことではないか」と訳します。

願望形・限定形・詠嘆形。よろしいでしょうか。

これで、この講義は終わります。まずは実戦を焦らず、徹底的に句法の勉強をしましょう。苦しいし、つらい時期でしょうけど、だからこそ太ももに錐つきたて

三羽の特別講義

『論語』の冒頭文

『論語』の冒頭文は、「学びて時に之を習ふ、亦説ばしからずや」のあと、「朋《とも》有り遠方より来たる、亦楽しからずや。人知らずして慍《いきどほ》らず、亦君子ならずや」と続きます。「友がいて、遠いところからもやってくる。（そうしてともに切磋琢磨《せっさたくま》してゆくのは）なんと楽しいことではないか。（自分の学問を）人が知ってくれないからといって心に不満を抱いたりしない。そういう人こそ君子ではないか」という意味です。

「**艱難汝を玉にす**」、意味わかんない人は調べてごらん。

他の科目の勉強もあって大変でしょうけど、余力があるようだったら、句法の復習を徹底してやってください。繰り返すことで、しっかり頭におさまってきます。

漢文は、とにかくこの句法の習熟が実戦演習に入るための大前提なんです。

では、合格にむかって、ガンバッテください！

名人の授業

三羽の漢文

基本ポイントこれだけ！

二〇〇〇年九月二十五日 初版発行
二〇二一年四月十四日 第二十九版発行

著　者 三羽邦美
発行者 永瀬昭幸
発行所 株式会社ナガセ
東京都武蔵野市吉祥寺南町一―二九―二 〒一八〇―〇〇〇三
出版事業部（東進ブックス）
TEL 0422-70-7456 FAX 0422-70-7457
URL：http://www.toshin.com/books（東進WEB書店）
※本書を含む東進ブックスの最新情報は東進WEB書店をご覧ください。

本文デザイン 小柳 文
カバーデザイン 山口 勉
本文イラスト 伊藤タケハル
カバーオブジェ 伊東宣哉
DTP・印刷・製本 日経印刷株式会社

ISBN978-4-89085-182-9 C7381

特別インタビュー
Interview

三羽邦美先生からの役立つアドバイス

知識量を豊富にすることが漢文を制する

漢文は、まず句法が頭に入っていないと問題は解けません。プラス漢字の用法、古典文法の力。これだけで、ほとんどの問題の答が絞れます。

また、説明問題・趣旨判別問題・内容合致問題は文脈で解きますが、これらは傍線の周辺や本文のどこかに必ずポイントがあります。ポイントに着眼できれば、あとはそのポイントと選択肢の内容を合致させればいいわけです。そのポイントの場所に、やはり何らかの句法がからんでいることが多いんです。

漢文の問題が解けるかどうかを大きく左右するのは「知識」の量です。その知識の量に関しても、漢文は「何をどれだけやればいいのか」がはっきりしています。漢文が苦手だという人は、必要な知識が足りないだけ。「何をどれだけ」の認識をもって、その必要な知識を身につければ、読解力や得点力が期待できる科目だといえます。

「過去問など実戦的な問題を解く際には、これまで勉強してきた句法のポイントや重要語の理解を確認するとともに、必ず制限時間を設けること。本番であせらないためにも、時間配分と集中力を身につける訓練をすることが大切です」

特別インタビュー

Interview

三羽邦美先生からの役立つアドバイス

ものを知る楽しさが漢文のおもしろさ

私たち日本人は、昔、中国文化の大洗礼をうけました。昔の日本人は、圧倒的な中国の先進文化をひたすら受容してきました。三世紀初めの『三国志』の時代が、やっと日本では卑弥呼の時代です。秦の始皇帝はそれよりさらに四〇〇年以上前、孔子などは紀元前五〜六世紀の人間です。

日本語の半分近くは漢語（昔の中国語）であり、日本文化から中国の文化の影響を切り離すことはできません。中国の文化は、今日の我々の日常の中に、何の違和感もなく流れているのです。

漢文の世界は、ほんとうはなかなか面白く、人生や人間を豊かにする含蓄に富む世界です。受験のための勉強とはいっても、勉強そのものは自分のため。勉強のしかたには性格が出ますが、頑張って勉強する時間の中で人格が出来ていきます。才能とか学力というのは脳ミソの分量ではなく、努力を続けることのできる力。自分の人生のために勉強しよう！

合格の秘訣 1

全国屈指の実力講師陣

東進の実力講師陣 数多くのベストセラー参考書を執筆!!

東進ハイスクール・東進衛星予備校では、そうそうたる講師陣が君を熱く指導する！

本気で実力をつけたいと思うなら、やはり根本から理解させてくれる一流講師の授業を受けることが大切です。東進の講師は、日本全国から選りすぐられた大学受験のプロフェッショナル。何万人もの受験生を志望校合格へ導いてきたエキスパート達です。

英語

「スーパー速読法」で難解な長文問題の速読即解を可能にする「予備校界の達人」！

渡辺 勝彦 先生
[英語]

予備校界のカリスマ。抱腹絶倒の名講義を見逃すな。

今井 宏 先生
[英語]

日本を代表する英語の伝道師。ベストセラーも多数。

安河内 哲也 先生
[英語]

情熱あふれる授業で、知らず知らずのうちに英語が得意教科に！

大岩 秀樹 先生
[英語]

雑誌『TIME』やベストセラーの翻訳も手掛け、英語界でその名を馳せる実力講師。

宮崎 尊 先生
[英語]

数学

「ワカル」を「デキル」に変える新しい数学は、君の思考力を刺激し、数学のイメージを覆す！

松田 聡平 先生
[数学]

数学を本質から理解できる本格派講義の完成度は群を抜く。

志田 晶 先生
[数学]

国語

三羽 邦美 先生
[古文・漢文]

縦横無尽な知識に裏打ちされた立体的な授業に、グングン引き込まれる！

富井 健二 先生
[古文]

ビジュアル解説で古文を簡単明快に解き明かす実力講師。

栗原 隆 先生
[古文]

東大・難関大志望者から絶大なる信頼を得る本物の指導を追究。

石関 直子 先生
[小論文]

文章で自分を表現できれば、受験も人生も成功できますよ。「笑顔と努力」で合格を！

樋口 裕一 先生
[小論文]

小論文指導の第一人者。著書『頭がいい人、悪い人の話し方』は250万部突破！

寺師 貴憲 先生
[漢文]

幅広い教養と明解な体例を駆使した緩急自在の講義。漢文が身になる！

理科

田部 眞哉 先生
[生物]

全国の受験生が絶賛するその授業は、わかりやすさそのもの！

鎌田 真彰 先生
[化学]

化学現象の基本を疑い化学全体を見通す"伝説の講義"

宮内 舞子 先生
[物理]

丁寧で色彩豊かな板書と詳しい講義で生徒を惹きつける。

地歴公民

荒巻 豊志 先生
[世界史]

"受験世界史に荒巻あり"といわれる超実力人気講師。

井之上 勇 先生
[日本史]

つねに生徒と同じ目線に立って、入試問題に対する的確な思考法を教えてくれる。

金谷 俊一郎 先生
[日本史]

入試頻出事項に的を絞った「表解板書」は圧倒的な信頼を得る。

清水 雅博 先生
[公民]

政治と経済のメカニズムを論理的に解明しながら、入試頻出ポイントを明確に示す。

山岡 信幸 先生
[地理]

わかりやすい図解と統計の説明に定評。

加藤 和樹 先生
[世界史]

世界史を「暗記」科目だなんて言わせない。正しく理解すれば必ず伸びることを一緒に体感しよう。

WEBで体験

東進ドットコムで授業を体験できます！

実力講師陣の詳しい紹介や、各教科の学習アドバイスも読めます。

www.toshin.com/teacher/

合格の秘訣2 革新的な学習システム

進には、第一志望合格に必要なすべての要素を満たし、抜群の合格実績を生み出す学習システムがあります。

映像による授業を駆使した最先端の勉強法

高速学習

一人ひとりのレベル・目標にぴったりの授業

東進はすべての授業を映像化しています。その数およそ1万種類。これらの授業を個別に受講できるので、一人ひとりのレベル・目標に合った学習が可能です。1.5倍速受講ができるほか自宅のパソコンからも受講できるので、今までにない効率的な学習が実現します。

1年分の授業を最短2週間から1カ月で受講

従来の予備校は、毎週1回の授業。一方、東進の高速学習なら毎日受講することができます。だから、1年分の授業も最短2週間から1カ月程度で修了可能。先取り学習や苦手科目の克服、勉強と部活との両立も実現できます。

現役合格者の声

東京大学 理科一類
大竹 隆翔くん
東京都 私立 海城高校卒

東進の授業は映像なので、自分で必要と感じた科目を選んで、自分のスケジュールに合わせて授業が受けられます。部活や学校のない時に集中的に授業を進めることができ、主体的に勉強に向き合うことができました。

先取りカリキュラム（数学の例）

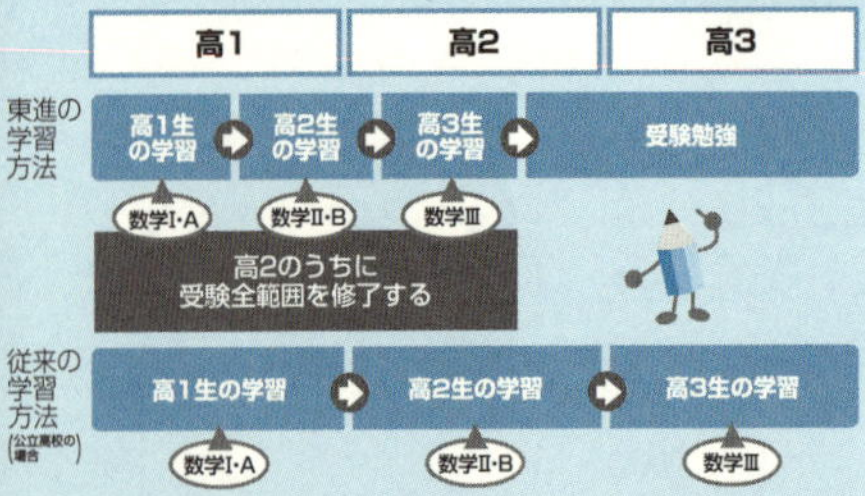

目標まで一歩ずつ確実に

スモールステップ・パーフェクトマスター

自分にぴったりのレベルから学べる 習ったことを確実に身につける

高校入門から超東大までの12段階から自分に合ったレベルを選ぶことが可能です。「簡単すぎる」「難しすぎる」といったことがなく、志望校へ最短距離で進みます。
授業後すぐに確認テストを行い内容が身についたかを確認し、合格したら次の授業に進むので、わからない部分を残すことはありません。短期集中で徹底理解をくり返し、学力を高めます。

現役合格者の声

早稲田大学 文化構想学部
加畑 恵さん
石川県立 金沢二水高校卒

高1の春休みに、東進に入学しました。東進の授業の後には必ず「確認テスト」があります。その場ですぐに授業の理解を確認することができました。憧れの大学に入ることができて本当に嬉しいです。

パーフェクトマスターのしくみ

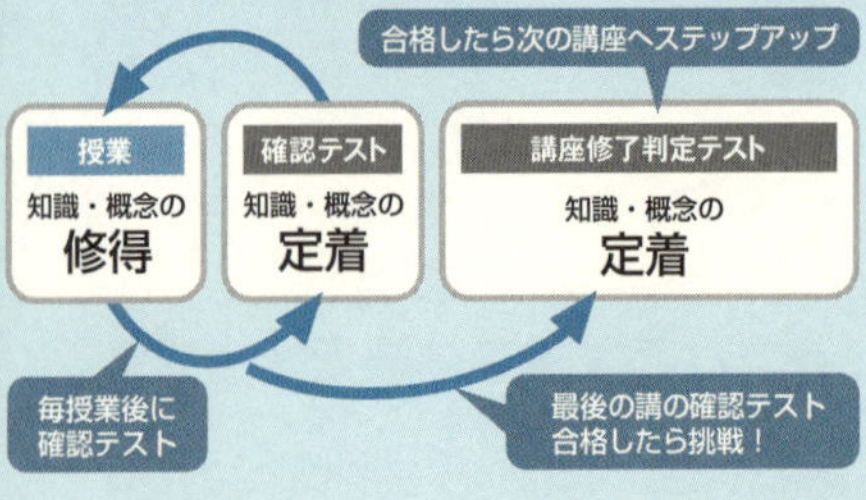

徹底的に学力の土台を固める

高速マスター基礎力養成講座

高速マスター基礎力養成講座は「知識」と「トレーニング」の両面から、効率的に短期間で基礎学力を徹底的に身につけるための講座です。文法事項や重要事項を単元別・分野別にひとつずつ完成させていくことができます。インターネットを介してオンラインで利用できるため、校舎だけでなく、自宅のパソコンやスマートフォンアプリで学習することも可能です。

現役合格者の声

慶應義塾大学 理工学部
畔上 亮真くん
神奈川県立 横浜翠嵐高校卒

おススメは「高速マスター基礎力養成講座」です。通学やちょっとした移動時間でもスマホで英単語などを勉強でき、スキマ時間を活用する習慣をつけられました。大学では自分の夢の基盤となることを学びたいです。

東進公式スマートフォンアプリ

東進式マスター登場！

スマートフォンアプリでスキ間時間も徹底活用！

（英単語／英熟語／英文法／基本例文）

1）スモールステップ・パーフェクトマスター！

頻出度（重要度）の高い英単語から始め、1つのSTEP（計100語）を完全修得すると次のSTAGEに進めるようになります。

2）自分の英単語力が一目でわかる！

トップ画面に「修得語数・修得率」をメーター表示。自分が今何語修得しているのか、どこを優先的に学習すべきなのか一目でわかります。

3）「覚えていない単語」だけを集中攻略できる！

未修得の単語、または「My単語（自分でチェック登録した単語）」だけをテストする出題設定が可能です。すでに覚えている単語を何度も学習するような無駄を省き、効率良く単語力を高めることができます。

「共通テスト対応英単語1800」
2018年共通テスト試行調査カバー率99.4%

君の合格力を徹底的に高める

志望校対策

第一志望校突破のために、志望校対策にどこよりもこだわり、合格力を徹底的に極める質・量ともに抜群の学習システムを提供します。従来からの「過去問演習講座」に加え、AIを活用した「志望校別単元ジャンル演習講座」が開講。東進が持つ大学受験に関するビッグデータをもとに、個別対応の演習プログラムを実現しました。限られた時間の中で、君の得点力を最大化します。

現役合格者の声

山形大学 医学部医学科
平間 三結さん
宮城県仙台二華高校卒

受験前の「過去問演習講座」では10年分の過去問演習の結果が記録でき、また「志望校別単元ジャンル演習講座」ではAIが分析した自分の弱点を重点的に学習できるので、とても役立ちました。

志望校合格に向けた最後の切り札

第一志望校対策演習講座

第一志望校の総合演習に特化し、大学が求める解答力を身につけていきます。対応大学は校舎にお問い合わせください。

東進×AIでかつてない志望校対策

志望校別単元ジャンル演習講座

過去問演習講座の実施状況や、東進模試の結果など、東進で活用したすべての学習履歴をAIが総合的に分析。学習の優先順位をつけ、志望校別に「必勝必達演習セット」として十分な演習問題を提供します。問題は東進が分析した、大学入試問題の膨大なデータベースから提供されます。苦手を克服し、一人ひとりに適切な志望校対策を実現する日本初の学習システムです。

大学受験に必須の演習

過去問演習講座

1. 最大10年分の徹底演習
2. 厳正な採点、添削指導
3. 5日以内のスピード返却
4. 再添削指導で着実に得点力強化
5. 実力講師陣による解説授業

個別説明会

全国の東進ハイスクール・東進衛星予備校の各校舎にて実施しています。

※お問い合わせ先は、付録9ページをご覧ください。

合格の秘訣3 東進ドットコム

こでしか見られない受験と教育の情報が満載！
学受験のポータルサイト

www.toshin.com

東進 検索

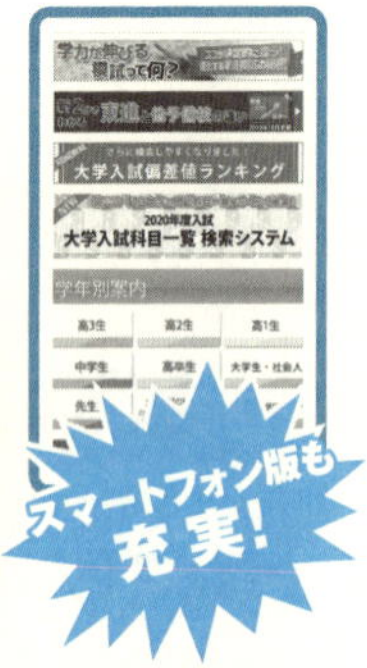

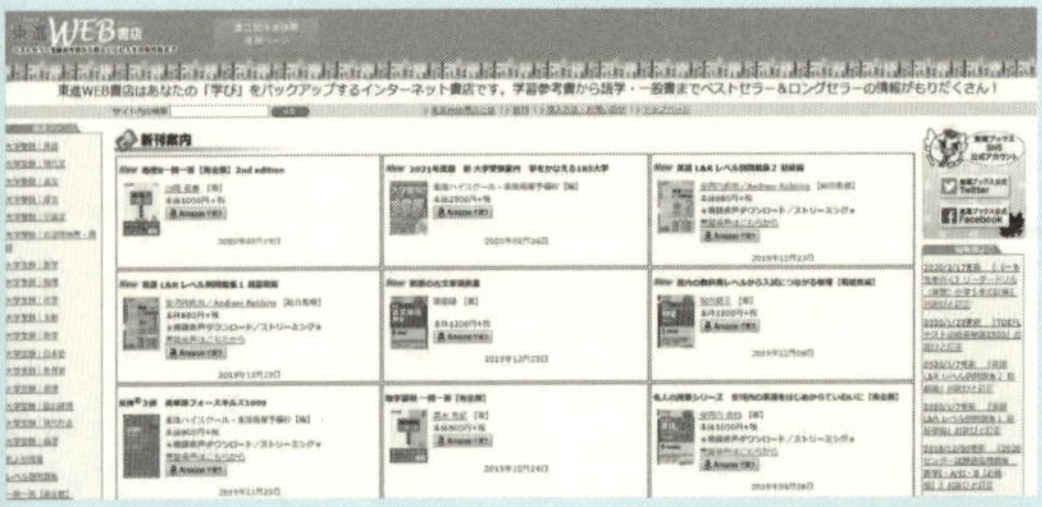

東進ブックスのインターネット書店

東進WEB書店

ベストセラー参考書から夢ふくらむ人生の参考書まで

学習参考書から語学・一般書までベストセラー&ロングセラーの書籍情報がもりだくさん！あなたの「学び」をバックアップするインターネット書店です。検索機能もグンと充実。さらに、一部書籍では立ち読みも可能。探し求める1冊に、きっと出会えます。

最新の入試に対応!!

大学案内

偏差値でも検索できる。検索機能充実！

東進ドットコムの「大学案内」では最新の入試に対応した情報を様々な角度から検索できます。学生の声、入試問題分析、大学校歌など、他では見られない情報が満載！　登録は無料です。

また、東進ブックスの『(新)大学受験案内』では、厳選した185大学を詳しく解説。大学案内とあわせて活用してください。

Web

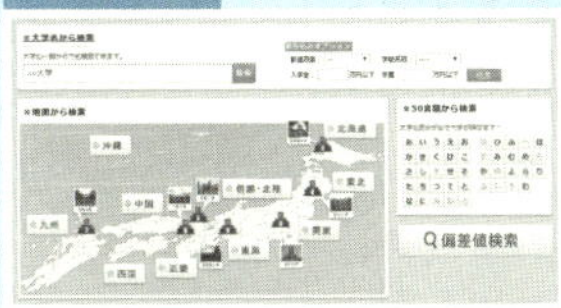

Book

大学入試偏差値ランキング

185大学・最大25年分超の過去問を無料で閲覧

大学入試過去問データベース

君が目指す大学の過去問をすばやく検索、じっくり研究！

東進ドットコムの「大学入試問題 過去問データベース」は、志望校の過去問をすばやく検索し、じっくり研究することが可能。185大学の過去問を閲覧することができます。センター試験の過去問も最大25年分超掲載しています。登録・利用は無料です。志望校対策の「最強の教材」である過去問をフル活用することができます。

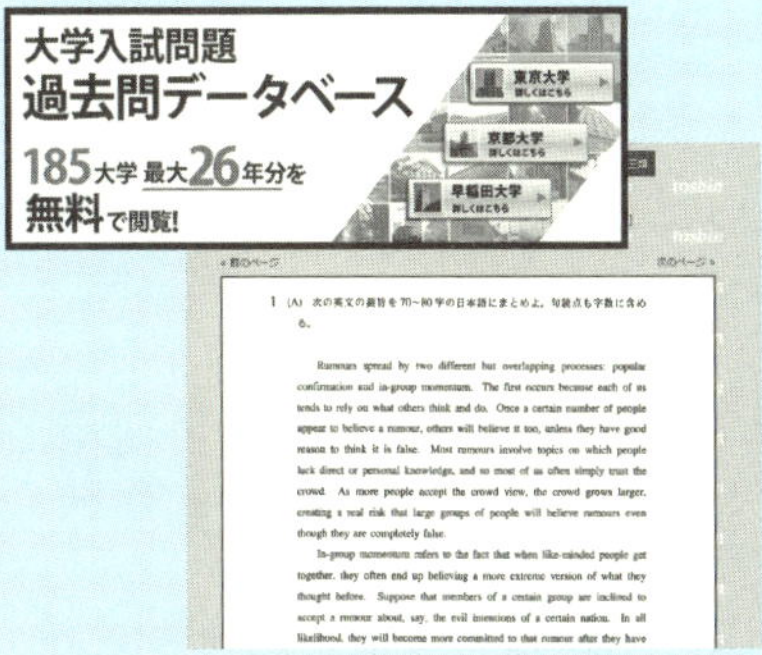

大学・学部選びの情報サイト

東進TV

最新の大学情報や入試情報を毎週アップ！

東進TVでは、憧れの大学や大学入試に関する耳寄り情報を学生リポーターが徹底取材！　名物教授やキャンパス、サークル紹介など気になる動画をチェック！　受験勉強に関する東進の実力講師からのアドバイスも必見です。

◀東進実力講師陣が贈るメッセージ

憧れの大学の有名サークルに密着▶

◀行きたくても行けなかったあの大学のオープンキャンパスをチェック

東進で勉強したいが、近くに校舎がない君は…

東進ハイスクール 在宅受講コースへ

「遠くて東進の校舎に通えない……」。そんな君も大丈夫！　在宅受講コースなら自宅のパソコンを使って勉強できます。ご希望の方には、在宅受講コースのパンフレットをお送りいたします。お電話にてご連絡ください。学習・進路相談も随時可能です。　0120-531-104

東進模試

申込受付中
※お問い合わせ先は付録9ページをご覧ください。

学力を伸ばす模試

「自分の学力を知ること」が受験勉強の第一歩

「絶対評価」×「相対評価」のハイブリッド分析

志望校合格までの距離に加え、「受験者集団における順位」および「志望校合否判定」を知ることができます。

単元・ジャンル別の学力分析

対策すべき単元・ジャンルを一覧で明示。学習の優先順位がつけられます。

中5日で成績表返却

WEBでは最短中3日で成績を確認できます。
※マーク型の模試のみ

合格指導解説授業

模試受験後に合格指導解説授業を実施。重要ポイントが手に取るようにわかります。

東進模試 ラインアップ 2020年度

模試	対象	備考	回数
共通テスト本番レベル模試	受験生 高2生 高1生	※高1は難関大志望者	年4回
高校レベル記述模試	高2生 高1生		年2回
全国統一高校生テスト	高3生 高2生 高1生	●問題は学年別	年2回
全国統一中学生テスト	中3生 中2生 中1生	●問題は学年別	年2回
東大本番レベル模試	受験生	共通テスト本番レベル模試との総合評価※	年4回
京大本番レベル模試	受験生	共通テスト本番レベル模試との総合評価※	年4回
北大本番レベル模試	受験生	共通テスト本番レベル模試との総合評価※	年2回
東北大本番レベル模試	受験生	共通テスト本番レベル模試との総合評価※	年2回
名大本番レベル模試	受験生	共通テスト本番レベル模試との総合評価※	年3回
阪大本番レベル模試	受験生	共通テスト本番レベル模試との総合評価※	年3回
九大本番レベル模試	受験生	共通テスト本番レベル模試との総合評価※	年3回
東工大本番レベル模試	受験生	共通テスト本番レベル模試との総合評価※	年2回
一橋大本番レベル模試	受験生	共通テスト本番レベル模試との総合評価※	年2回
千葉大本番レベル模試	受験生	共通テスト本番レベル模試との総合評価※	年1回
神戸大本番レベル模試	受験生	共通テスト本番レベル模試との総合評価※	年1回
広島大本番レベル模試	受験生	共通テスト本番レベル模試との総合評価※	年1回
早慶上理・難関国公立大模試	受験生	共通テスト本番レベル模試との総合評価※	年4回
全国有名国公私大模試	受験生	共通テスト本番レベル模試との総合評価※	年4回
大学合格基礎力判定テスト	受験生 高2生 高1生		年4回
共通テスト同日体験受験	高2生 高1生		年1回
東大入試同日体験受験	高2生 高1生	※高1は意欲ある東大志望者	年1回
東北大入試同日体験受験	高2生 高1生	※高1は意欲ある東北大志望者	年1回
名大入試同日体験受験	高2生 高1生	※高1は意欲ある名大志望者	年1回
全国統一医学部テスト	受験生		年2回

※最終回が共通テスト後の受験となる模試は、共通テスト自己採点との総合評価となります。
※2020年度に実施予定の模試は、今後の状況により変更する場合があります。最新の情報はホームページでご確認ください。

※2021年2月現在

50 春秋□しゅんじゅう　春と秋。年月。年齢。

上□しょう　君。君主の尊称。

城□じょう　城壁をめぐらした町全体。**町なか。**

丞相□じょうしょう　天子を補佐して政治を行う人。（＝宰相《さいしょう》・相国《しょうこく》・相《しょう》）

小子□しょうし　おまえたち。先生が弟子に呼びかける言葉。（＝二三子《にさんし》）

55 小人□しょうじん　**人格の低い、つまらぬ人間。**身分のない卑しい者。（**↕君子**）

丈夫□じょうふ　一人前のしっかりした男子。（＝大丈夫《だいじょうふ》）

食客□しょっかく　客分としてかかえておく家来。**いそうろう。**（＝門人・門下・客）

信□しん　**うそがないこと。まこと。**正直。誠実。

仁□じん　**いつくしむこと。愛。思いやり。**（儒家《じゅか》の最高の徳目）

60 人間□じんかん　**人間の世界。世間。**世の中。

進士□しんし　官吏登用試験（科挙《かきょ》）の科目。その合格者。

寸毫□すんごう　ほんのわずか。（＝一毫《いちごう》・分毫《ふんごう》・秋毫《しゅうごう》）

聖人□せいじん　知徳のすぐれた最高の人格者。堯《ぎょう》・舜《しゅん》や孔子《こうし》のことを言う。

先王□せんのう　昔のえらい天子。**堯《ぎょう》・舜《しゅん》・禹《う》**をさす。

65 千里馬□せんりのうま　一日に千里も走るような良馬。**俊才。有能な人物。**（＝驥《き》・駿馬《しゅんめ》）

壮士□そうし　意気さかんな男。壮年の男。

霜鬢□そうびん　**白髪。**（＝白頭《はくとう》・白首《はくしゅ》）

粟□ぞく　**穀物。俸禄《ほうろく》。**

大夫□たいふ　卿《けい》の下、士《し》の上の地位。官位にある者の総称。

70 断腸□だんちょう　はらわたがちぎれるほど、つらく悲しいこと。

中心□ちゅうしん　心の中。まんなか。

朝□ちょう　天子が政治を執《と》る所。まつりごと。「**朝す**」は、参内《さんだい》する意。

長者□ちょうじゃ　**年長者。目上の人。**徳の高い人。権勢のある人。富豪。

重陽□ちょうよう　陰暦の**九月九日。**高台にのぼり、酒を飲む風習がある。